Regina Bäumer / Michael Plattig
Exerzitien begleiten

Regina Bäumer / Michael Plattig

Exerzitien begleiten

Grundlagen – Geschichte – Praxis

Butzon & Bercker

Bibliografische Information der Deutschen Nationalbibliothek
Die Deutsche Nationalbibliothek verzeichnet diese Publikation in der Deutschen Nationalbibliografie; detaillierte bibliografische Daten sind im Internet über http://dnb.d-nb.de abrufbar.

e verlags gruppe engagement

Das Gesamtprogramm
von Butzon & Bercker
finden Sie im Internet
unter www.bube.de

ISBN: 978-3-7666-2749-0

© 2020 Butzon & Bercker GmbH, Hoogeweg 100,
47623 Kevelaer, Deutschland, www.bube.de
Alle Rechte vorbehalten.
Umschlaggestaltung: Werner Dennesen, Weeze
Lektorat: Redaktion Kultur und Bildung, Berlin
Satz: SATZstudio Josef Pieper, Bedburg-Hau
Herstellung: Friedrich Pustet, Regensburg

Inhalt

Einleitung … 7

Grundlagen … 9
Herkunft und Bedeutung des Begriffs „Exerzitien" … 9
Exerzitien und Mystagogie … 10
Askese und Einübung … 17
Grundannahmen für Exerzitien … 22

Geschichtliche Entwicklung … 27
Die Weisungen der Väter und Mütter der Wüste … 28
Die Regel des Benedikt von Nursia … 32
Die Leiter zu Gott des Kartäusers Guigo … 38
Die Geistlichen Übungen der Gertrud von Helfta … 41
Der Pilgerweg zu Gott des Bonaventura … 46
Das Leben Christi des Ludolf von Sachsen … 50
Die Geistlichen Übungen des Ignatius von Loyola … 53
Inhalt und Struktur der Geistlichen Übungen … 57
Konzeption und Intention der Geistlichen Übungen … 60
Ein Ausblick … 66

Exerzitienarbeit heute – Vorbereitung … 67
Voraussetzungen und Leitfragen … 69
Thematik und Struktur … 74
Erwartungen und Hindernisse … 75
Gesprächsführung in Exerzitien … 79

Exerzitienarbeit heute – Formen 85
Einzelexerzitien und Einzelexerzitien in der Gruppe 86
Einkehrtage und Besinnungstage 91
Exerzitien im Alltag 93
Exkurs: Körperübungen, Atmung, Schweigen 98

Nachwort 105

Weiterführende Literatur 107

Einleitung

Exerzitien sind geistliche Übungen, die Erinnerung und Erzählung der Heilsgeschichte in Schrift und Tradition aktualisieren und einen Umformungsprozess initiieren wollen. Interessierte an Exerzitien sind eingeladen, in der Einübung in Gebet und Stille vor Gott ihre inneren Bewegungen wahrzunehmen, sie im Gebet oder im Gespräch zu versprachlichen und so die wachstumsfördernden Impulse wahrzunehmen, die zu größerer Freiheit und Reife führen. Es gilt, dem Umformungsprozess *(transformatio)* im Dialog auf die Spur zu kommen – einem Umformungsprozess, der die christliche Spiritualität charakterisiert: „Spiritualität ist die fortwährende Umformung eines Menschen, der antwortet auf den Ruf Gottes."[1] Damit vertreten wir einen weiten Begriff von „Exerzitien", der den vielfältigen Formen in Geschichte und Gegenwart Rechnung trägt.

Dieses Buch möchte eine Handreichung sein, eine Hilfe zur Vorbereitung und Durchführung von Exerzitien und geistlichen Angeboten unterschiedlicher Art.

Im Kapitel „Grundlagen" wird der Herkunft des Begriffs „Exerzitien" und den theologischen Implikationen nachgegangen. In welchem Verhältnis Exerzitien zur Mystagogie, zur Askese und zur Spiritualität stehen, sind hierbei grundlegende Fragen. Die Beschäftigung mit diesen Themen mündet in Grundannahmen, die für Exerzitien von Bedeutung sind.

---

1 Grundkurs Spiritualität, hg. vom Institut für Spiritualität, Stuttgart 2000, S. 10.

Um die eigene Exerzitienarbeit im historischen Kontext einordnen und sich bewusst in eine Tradition stellen zu können, soll im darauf folgenden Kapitel ein Überblick über die „Geschichtliche Entwicklung" der Exerzitien gegeben werden. Ausführlich wird sich dabei den „Geistlichen Übungen" des Ignatius von Loyola gewidmet.

Welche Voraussetzungen auf Seiten der Begleitung und der Teilnehmenden vorhanden sein sollten, welche Leitfragen sich hieraus für die Entwicklung von Exerzitienangeboten ergeben, wie Thema, Struktur und äußere Bedingungen einzuschätzen sind, mit welchen Erwartungen und Hindernissen zu rechnen ist und wie im Gespräch ein Prozess der Persönlichkeitsveränderung in Gang gesetzt werden kann – dies sind wichtige Aspekte, die im Kapitel „Exerzitienarbeit heute – Vorbereitung" behandelt werden.

Die Vielfalt der Exerzitienformen hat sich in den letzten Jahren stark erweitert. In allen Formen von Exerzitien finden sich wesentliche Grundelemente wieder: das Schweigen, Meditieren und Beten, die geistliche Betrachtung der Heiligen Schrift oder der geistlichen Tradition der Kirche sowie die Begleitung durch Einzelgespräche oder der geistliche Austausch in der Exerzitiengruppe.

Mögen diese Ausführungen Ermutigung und Anleitung sein, selbst Exerzitienangebote zu entwickeln, sie authentisch sowie gleichzeitig theologisch und geistlich verantwortet zu gestalten, um so dem Wirken des Heiligen Geistes auch heute Raum zu geben.

Regina Bäumer   P. Michael Plattig O.Carm.

Grundlagen

Exerzitien sind geistliche Übungen, also eine bestimmte Praxis. Dies darf nicht darüber hinwegtäuschen, dass Exerzitien zugleich im theologischen Diskurs stehen. Woher der Begriff stammt, welche theologischen Implikationen er enthält und in welchem Verhältnis Exerzitien zur Mystagogie, Askese und Spiritualität stehen – diesen Fragen soll im Folgenden nachgegangen werden, um ein grundlegendes Verständnis zu vermitteln. Die Überlegungen münden in Grundannahmen, die für Exerzitien von relevanter Bedeutung sind.

Herkunft und Bedeutung des Begriffs „Exerzitien"

Das vielgestaltige Begriffsfeld des lateinischen Wortes *exercitium*, das dem Begriff „Exerzitien" zugrunde liegt, wurde aus dem profanen, eher militärischen Bereich, im Sinne von exerzieren, in den kirchlichen Raum übertragen. Die aufgenommene Bedeutung ist „üben", „einüben". Das Substantiv *exercitium* bedeutet „Übung", „Beschäftigung", doch kann es auch mit der Bedeutung „Prüfung" verwendet werden. Zunächst also im militärischen Bereich verwendet, wurde der Begriff auf das geistliche Bemühen übertragen, das im Mönchtum auch als geistlicher Kampf verstanden wurde.

Zwei Bedeutungsebenen lassen sich hinsichtlich des Wortes *exercitium* unterscheiden. Erstens: aus einem geschlossenen

Raum herausführen, aus der Ruhe heraustreten, etwas entfalten, sich anstrengen, aus- bzw. einüben. Zweitens: sich einem Tun anheimgeben, das Anstrengung und Mühe fordert (Aszese). So können darunter sowohl körperliche Übungen (Fasten, Abstinenz, Disziplin, aber auch Arbeit) als auch geistliche Übungen (Lesung, Gebet, Meditation, Kontemplation, aber auch Tugend) verstanden werden.

Als biblischer Bezug zum Exerzitienbegriff ist in diesem Zusammenhang 1 Tim 4,7–11 zu nennen: „Übe dich *(exercere te ipsum)* in der Frömmigkeit! Denn körperliche Übung *(corporalis exercitatio)* nützt nur wenig, die Frömmigkeit aber ist nützlich zu allem: Ihr ist das gegenwärtige und das zukünftige Leben verheißen. Dieses Wort ist glaubwürdig und wert, dass man es beherzigt. Dafür arbeiten und kämpfen wir, denn wir haben unsere Hoffnung auf den lebendigen Gott gesetzt, den Retter aller Menschen, besonders der Gläubigen. Das sollst du anordnen und lehren."[2]

Exerzitien und Mystagogie

Exerzitien liegt ein biblisch begründetes Gottesbild zugrunde. Gott ist Schöpfer, er ist der Herr aller Dinge, auch des Menschen. Alle Geschöpfe sind allein von ihm abhängig. Zugleich ist Gott der Gegenwärtige, woraus das Bemühen um den Wandel in Gottes Gegenwart folgt. Als Gottes Geschöpf und Ebenbild ist der Mensch zu ewigem Leben berufen und soll zur gött-

---

[2] Alle Zitate aus der neuen Einheitsübersetzung 2016; Einfügungen der lateinischen Begriffe aus der Vulgata von den Verfassern.

lichen Qualität des Daseins vordringen. Die Abhängigkeit des Menschen von Gott bedeutet somit auch die Zugehörigkeit zu ihm.

Exerzitien werden als Weg und Prozess dieser Umwandlung des Menschen in der Gegenwart Gottes verstanden, als ein dynamisches Geschehen, das von verschiedenen Strukturmomenten geprägt ist. Diese Strukturmomente können als Prinzipien eines mystagogischen Prozesses aufgefasst werden, die auch für eine Methodologie des mystagogischen Lernens inspirierend sein können.

Mystagogie ist wörtlich mit „Geleit in die Geheimnisse" zu übersetzen. Dies bedeutet, dass Mystagogie und damit mystagogisches Lernen einen Prozess meint, also dynamisch verläuft und Bewegungscharakter hat. Mystagogie geschieht als Begegnung, in der der Mensch, der eingeweiht werden soll, und die/der Einweisende sich ausrichten auf das Geheimnis, das es zu entdecken und für den je eigenen Lebenskontext zu buchstabieren gilt. Der Unterschied zwischen einer christlich verstandenen Mystagogie und einer in den antiken Mysterienkulten praktizierten besteht darin, dass im Christentum nur Gott als Mystagoge gilt und der Mensch allein aufgrund der Gnade Gottes zum Eingeweihten wird.

Erleben und verstehen, was Christsein bedeutet, ist das Ziel der Mystagogie in der alten Kirche. Verstehen und zur Erfahrung werden lassen, was die Täuflinge in der Feier von Taufe und Eucharistie erlebt haben, ist das Ziel der mystagogischen Katechesen, die aus der alten Kirche erhalten sind. Diese Katechesen sind aus verschiedenen Kirchenprovinzen bekannt, alle stammen jedoch aus dem 4. und 5. Jahrhundert. Eine der bedeutendsten sind die „Mystagogischen Katechesen", die Cyrill von Jerusalem (geboren 387) zugeschrieben werden. Solche Katechesen wurden entweder unmittelbar vor oder kurz nach der Taufe gehalten und sollten das dort Erlebte deuten, „… damit ihr den Sinn dessen einseht, was an jenem Abend der Taufe mit euch geschehen ist" – so beschreibt der Verfasser der Jerusalemer Katechesen deren Ziel.[3]

Der Theologe Karl Rahner greift den altkirchlichen Begriff der „Mystagogie" wieder auf. Er beschreibt die mystische Erfahrung als Alltagserfahrung und zieht daraus den Schluss, dass Mystagogie jeden glaubenden Menschen angeht: „Wenn man diese Transzendenzerfahrung, in der der Mensch mitten im Alltag immer schon über sich selbst und über das Einzelne, mit dem er umgeht, hinaus ist, ‚Mystik' nennen wollte, dann könnte man sagen, dass Mystik immer schon mitten im Alltag sich ereignet, verborgen und unbenannt, und die Bedingung der Möglichkeit für die nüchternste und profanste Alltagserfahrung ist."[4] Denn die „… mystische Erfahrung wird nicht durch ein raum-zeitlich punktförmiges Eingreifen Gottes produziert, sondern ist das – natürlich unter der Providenz Gottes stehende – immer radikalere Zu-sich-selbst-Kommen der Transzendentalität des Menschen als der absoluten Offenheit auf das Sein überhaupt, auf den personalen Gott, auf das absolute Geheimnis."[5]

---

[3] Vgl. Cyrill von Jerusalem, Mystagogische Katechesen, übersetzt und eingeleitet von Georg Röwekamp, Fontes Christiani Bd. 7, Freiburg 1992, S. 7.
[4] Karl Rahner, Erfahrung des Heiligen Geistes, in: Schriften zur Theologie Bd. XIII, Einsiedeln 1978, S. 235.
[5] Karl Rahner, Mystik – Weg des Glaubens zu Gott, in: Karl Rahner, Horizonte der Religiosität. Kleine Aufsätze, Hg. von Georg Sporschill, Wien 1984, S. 21.

„Mystagogie kann heute nicht mehr bloß der konkreten religiösen Erfahrung einzelner Prediger, den Aszeten und Mystikern überlassen werden. Der Mensch von heute wird auch in der Dimension seiner theoretischen, satzhaften Überzeugungen nur dann ein Glaubender sein, wenn er eine wirklich echte, persönliche religiöse Erfahrung gemacht hat, immer neu macht und darin durch die Kirche eingeweiht wird."[6] Deshalb ist die „... Initiation in das Christentum im Grunde genommen Initiation in die Mystik, biblisch gesprochen – Galaterbrief z. B. – in die Erfahrung des Pneumas Gottes. Mystik ist nicht eine Sonderveranstaltung."[7]

Diese Überlegungen Karl Rahners führten zu verschiedenen mystagogischen Ansätzen in der praktischen Theologie.[8] Mystagogie wird nun als Individualseelsorge verstanden, die sich darum müht, den Einzelnen in die Erfahrung des Geheimnisses Gottes einzuführen. In diesem Sinne muss mystagogische Seelsorge subjekt-, erfahrungs- und prozessorientiert sein. Mystagogie bringt somit die Alltags- und Glaubenserfahrungen in einen sich gegenseitig bedingenden Zusammenhang, um auf diesem Weg in die Erfahrung des Geheimnisses Gottes einzuweisen. Dies führt zu einem subjektorientierten, situationsbezogenen religiösen Bildungsverständnis. Mystagogische Bildung versteht sich als Mäeutik, als Hebammenkunst. Sie

---

6 Karl Rahner, Handbuch der Pastoraltheologie Bd. II/1, Freiburg 1966, S. 269–270.
7 Karl Rahner, Mystik – Weg des Glaubens zu Gott, a. a. O., S. 24.
8 Vgl. Stefan Knobloch und Herbert Haslinger (Hg.), Mystagogische Seelsorge. Eine lebensgeschichtlich orientierte Pastoral, Mainz 1991; Mirjam Schambeck, Mystagogisches Lernen. Zu einer Perspektive religiöser Bildung, Studien zur Theologie und Praxis der Seelsorge Bd. 62, Würzburg 2006.

muss Erfahrungen und ihre Symbolisierung initiieren, jedoch nicht vorschreiben. Ihr Ziel ist Bewusstseinsbildung, Selbst- und Gotteserkenntnis sowie Nächstenliebe.

Diese Grundlinien weisen eine Nähe zur modernen Selbstkonstitution auf. Der Mensch als Subjekt ist unhintergehbarer Ausgangs- und Zielpunkt. Mystagogie hat den anderen als Subjekt anzusehen und zugleich zu seiner Konstitution beizutragen. Selbstbestimmung und Verantwortung sind Voraussetzung und Ziel mystagogischer Praxis. Die Erfahrung des Einzelnen kann nicht überspielt werden, sie ist konstitutiver Bestandteil der mystagogischen Praxis. Die Möglichkeit der Vermittlung fester, unveränderbarer Glaubensgewissheiten gestaltet sich schwierig und ist ohne Erfahrungsbezug nicht möglich. Dies lässt sich als eine Berücksichtigung moderner Erfahrung ständigen Wandels lesen, die ein Vertrauen in den Exerzitienprozess verlangt. Der Mensch ist selbst verantwortlich für die Gestaltung seines (Glaubens-)Lebens. Das weist in zwei Richtungen: Einerseits wird Selbstverantwortung als Verantwortung für sich selbst im Sinne von Bewusstseinsbildung verstanden, andererseits als Partizipation und Solidarität. Mystagogie orientiert sich dabei an der Glaubenstradition der Kirche und ist um ihre Erneuerung bemüht, um Tradierung zu gewährleisten. Ihr Ziel ist es, in die Erfahrung des eigenen Selbst und die Erfahrung der Transzendenz Gottes als Geheimnis einzuführen.

Exerzitien, als eine Methodologie von Mystagogie verstanden, sind darauf angelegt, dass jeder Einzelne in Aufmerksamkeit und Achtsamkeit zu dem finden kann, was ihm hilft, der zu werden, als der er von Gott gedacht ist. Selbsterkenntnis und Gotteserkenntnis beschreiben dabei den im Grunde gleichen Prozess. Die Bedeutung der Kirche in diesem Prozess hebt der Pastoraltheologe Paul M. Zulehner hervor: „Wir könnten aber auf jeden Fall sagen, dass die Kirche den Menschen in jenes Geheimnis einführt (und seine Gnadengeschichte dadurch voranbringt), welches sein Leben im Grund immer schon ist; dass die Kirche also keinen Import Gottes betreibt, sondern den Menschen vor jenen Gott bringt, der im Grunde in seinem Leben immer schon anwesend ist."[9] „Kirche ‚produziert' nicht das Heil der Menschen (weil Gott selbst es ist, der sich frei liebend dem Menschen übereignet); sie führt vielmehr den Menschen in jenes Geheimnis ein, welches sein Leben immer schon ist. Also betreibt sie ‚Mystagogie'."[10]

Um dieser Aufgabe der Kirche gerecht zu werden, fordert Karl Rahner: „Die mystische Komponente müsste viel besser entwickelt werden. Der einzelne Priester und Seelsorger müsste darauf achten; er dürfte nicht nur eine Botschaft verkünden, die rein von außen kommt, er müsste Berufung einlegen an die innerste personale Erfahrung des einzelnen Menschen in seiner Einsamkeit und in seiner absoluten Verantwortung. Nur dort, wo die äußere Botschaft des Christentums sich nicht für sich allein mächtig versteht, sondern der innersten Erfahrung des Menschen, also der mystischen Komponente des Christentums entgegenkommt, sie gleichsam aktualisiert, sie lebendiger macht, sie unter dem Schutt des Alltagsbewußtseins aus-

---

9 Paul M. Zulehner, „Denn du kommst unserem Tun mit deiner Gnade zuvor ..." – Zur Theologie der Seelsorge heute. Paul M. Zulehner im Gespräch mit Karl Rahner, Düsseldorf 1984, S. 52.
10 Paul M. Zulehner, Von der Versorgung zur Mystagogie, in: Lebendige Seelsorge 33 (1982), S. 181.

gräbt, nur dort kann heute ein lebendiges Christentum noch bestehen, auch in einer atheistischen Gesellschaft."[11]

Gottes Menschwerdung zum Heil der Menschen, verdeutlicht, dass der Mensch den Weg zum Geheimnis Gottes nicht erst von Grund auf entwerfen und bahnen muss. Dem Menschen kommt diese Erlöstheit in seinem Menschsein zu und entgegen. Mystagogische Wege bringen grundsätzlich mit sich, dass das Gottesgeheimnis sich selbst in die Geschichte der Menschen eingeschrieben hat und nicht erst durch äußere Aktionen in sie hineingeholt werden muss. Die Verkündigung braucht die Glaubensbotschaft Gottes nicht in das Leben der Menschen hineinzutragen. Sie ist nachrangig gegenüber dem Angekommensein Gottes im Menschen.

Mystagogische Wege sind von der Unverfügbarkeit Gottes und des Menschen bestimmt. Auch wenn Prozesse innerhalb von Exerzitien strukturiert werden können und müssen, auch wenn Abläufe zu planen sind, ist das Unplanbare als kritisch produktives Moment gegenwärtig und als solches wahrzunehmen. Mystagogische Wege kennzeichnen von daher das Paradox von Machbarkeit und Verfügbarkeit, von Linearität und Diskontinuität.

Der Prozess in Exerzitien kulminiert in der Aktualisierung der Gotteserfahrung und dehnt sich auf den gewöhnlichen Lebenskontext aus. Gotteserfahrung bleibt nicht auf bestimmte Momente oder Phasen im Leben reduziert, sondern zeigt sich als Grund, der die gesamte Lebensgeschichte des Menschen durchzieht. Auch wenn das zu manchen Zeiten deutlicher wird

---

11 Karl Rahner, Mystische und politische Nachfolge Jesu, in: Karl Rahner, Horizonte der Religiosität. Kleine Aufsätze, herausgegeben von Georg Sporschill, a. a. O., S. 37–38.

als zu anderen, so gilt doch, dass Gott in der Welt den Ort bereitet hat, an dem ihm der Mensch begegnen kann. Die Schöpfung wird hier genauso wie der Alltag zur Erfahrungsweise Gottes, die als solche vom Menschen entdeckt werden will. Für mystagogische Wege heißt das, dass sie darauf angelegt sein müssen, eine Begegnung mit der Schöpfung, der Welt und dem Gewöhnlichen anzubahnen. Es gilt, für das Vorfindliche zu sensibilisieren und für das, was über das Vorfindliche hinausgeht. Diesen Transzendenzbezug wahrzunehmen und deutlich zu machen, ist charakteristisch für mystagogisches Lernen im Kontext von Exerzitien.

Askese und Einübung

Zum Wortfeld „Exerzitien" gehört der alte Begriff der „Askese" oder „Aszese". Obwohl durch manche Übertreibung oder leibfeindliche Praktiken im Bewusstsein vieler Menschen entwertet, gehört er zu den zentralen Begriffen geistlicher Lehrerinnen und Lehrer in der gesamten Geschichte des Christentums und vieler anderer Religionen.

Askese leitet sich aus dem griechischen *askesis* ab und meint Übung, Leibesübung, Training für Athleten. Im Neuen Testament wird das Bemühen der Christen mit dem Training des Athleten verglichen: „Wisst ihr nicht, dass die Läufer im Stadion zwar alle laufen, aber dass nur einer den Siegespreis gewinnt? Lauft so, dass ihr ihn gewinnt! Jeder Wettkämpfer lebt aber völlig enthaltsam; jene tun dies, um einen vergänglichen, wir aber, um einen unvergänglichen Siegeskranz zu gewinnen." (1 Kor 9,24–25) Damit wird neben der Übung eine zweite

Seite der Askese aufgezeigt: der Verzicht, der um der Übung und um des Sieges willen notwendig ist. Askese bringt das Anfordernde der Nachfolge Christi zum Ausdruck, sie unterstreicht die Bedeutung des menschlichen Tuns für diesen Weg, das trotz der zuvorkommenden Gnade nicht überflüssig ist. Christsein bedarf der Einübung, der Treue im Alltag, des Überwindens von Widerständen. Das kann auch Verzichtleistungen bedeuten, die notwendig sein können, um das Leben mit Christus zu verwirklichen.

Zur Frage, was geübt werden soll, finden sich abhängig vom historischen Umfeld verschiedene Antworten in der Geschichte. Neben einer positiven Ausrichtung der Einübung von Gebetstechniken, Haltungen etc. gab es auch immer eine negative Ausrichtung im Sinne von Verzicht, Abgrenzung und Kampf gegen Widerstände. Diese zweite Seite gehört zur ersten unweigerlich dazu. Wer sich auf einen Übungsweg begibt, wird auf Schwierigkeiten und Hindernisse stoßen, die es zu überwinden gilt. Das können die eigene Trägheit oder die sich einstellende Lustlosigkeit sein, aber auch Widerstände in der Person, die zu einer Auseinandersetzung herausfordern. Diese Seite der Einübung stand allerdings immer in der Gefahr, sich zu verselbständigen beziehungsweise sich ausschließlich gegen den Leib zu richten. Dies wird bereits in der Fortsetzung der oben zitierten Stelle aus dem Korintherbrief deutlich, wenn es heißt: „... vielmehr züchtige und unterwerfe ich meinen Leib, damit ich nicht anderen verkünde und selbst verworfen werde." (1 Kor 9,27)[12]

---

[12] Die Züchtigung des Leibes prägte unterschwellig viele sogenannte Frömmigkeitsübungen. Diese Formen nehmen das ganzheitliche, den Leib einbeziehende Menschenbild der Bibel nicht ernst und entsprechen nicht der Gottesebenbildlichkeit des Menschen, zu dem sein Leib gehört. Ein fehlge-

Fünf für Exerzitien wesentliche Aspekte der Askese beziehungsweise der Einübung sollen ausgewählt und veranschaulicht werden:
1. die geistlichen Sinne oder die Sensibilisierung für das Fühlen nach außen und innen;
2. die Schule des Betens oder die Fähigkeit zum Gespräch und zur Beziehung;
3. der Wegcharakter oder die Prozesshaftigkeit der Nachfolge;
4. die Übung oder die Unterscheidung von Weg und Ziel;
5. die geistliche Begleitung oder die dialogische Gestalt des christlichen Weges.

Diese Aspekte hängen nicht nur zusammen, sondern ergänzen sich gegenseitig. Voraussetzung für den Weg der Nachfolge ist die Sensibilisierung für das eigene Fühlen und Erleben nach außen und innen. Wessen Wahrnehmungsfähigkeit behindert oder gestört ist, der kann weder die Signale des eigenen Körpers noch die Signale des Geistes noch die Zeichen der Zeit erkennen und diese folglich auch nicht deuten. Die Schulung der Wahrnehmungsfähigkeit ist deshalb Voraussetzung für jeglichen geistlichen Prozess. Oft geht es heute dabei zunächst um eine Reduzierung der Außenreize, damit eine Sensibilisierung erreicht werden kann. Traditionell wird diese Sensibilisierung unter dem Begriff der „Geistlichen Sinne" gefasst. Der Mensch hat nicht nur fünf Sinne nach außen, sondern ebenso fünf Sin-

---

leitetes Verständnis der Bedeutung des Leidens im Rahmen christlicher Erlösung kam oftmals hinzu. Erlösung geschieht nicht durch selbst zugefügtes, sondern durch getragenes, mir aufgetragenes Leid und dessen Bewältigung. Diese Abgrenzung ist notwendig, um wieder positiv von Askese sprechen zu können.

ne nach innen, mit denen er genauso schmecken, tasten, hören, riechen und sehen kann.[13]

In der christlichen Tradition gibt es verschiedenste Gebetsformen, die jeweils der Einübung bedürfen, damit sie zur Dialogform für den Menschen werden können und vor allem auch in schwierigen Zeiten tragfähig bleiben. Hier gilt es, eine eigene Form zu finden, ohne dabei ständig von einer Form zur anderen zu wechseln, wenn diese zum Beispiel nach einiger Zeit schwierig und anstrengend werden sollte. Dies zu unterscheiden und damit umzugehen, bedarf der Sensibilität für das eigene Erleben und des Dialogs mit einer geistlichen Begleiterin oder einem geistlichen Begleiter.

Christ*sein* bedeutet immer eine Christ*werdung*, eine Verwirklichung des bereits erhaltenen Geschenkes der Erlösung. Christsein heißt deshalb: auf dem Weg sein, Gott entgegen, denn alles Streben hat in Gott sein Ziel. Deshalb ist alles Irdische wertvoll, aber vorläufig und vergänglich – alles kann nur Gott sein. In ihrem bekannten Gedicht „Nada te turbe" bringt dies Teresa von Ávila auf den Punkt:

„Nichts soll dich verwirren,
nichts dich erschrecken.
Alles vergeht,
Gott ändert sich nicht.

---

13 Die „Lehre von den inneren Sinnen" findet sich bereits bei Origenes und Bonaventura; dabei geht es um die Fähigkeit, auch nach innen „sinnlich" wahrnehmen zu können (vgl. Karl Rahner, Die geistlichen Sinne nach Origenes, in: Schriften zur Theologie Bd. XII, Zürich 1975, S. 111–136; Karl Rahner, Die Lehre von den geistlichen Sinnen im Mittelalter, in: Schriften zur Theologie Bd. XII, a. a. O., S. 137–172).

Die Geduld erlangt alles.
Wer Gott hat, dem fehlt nichts.
Gott nur genügt."[14]

Der christliche Weg ist immer ein Unterwegs-Sein auf Gott zu, der Vollendung entgegen. Diese grundsätzliche geschichtlich-lineare Ausrichtung christlicher Nachfolge kennt durchaus die Notwendigkeit der beständigen, immer wieder vollzogenen Übung um der Vertiefung und damit um des Fortschreitens willen. Die Wiederholung spielt für die Lebensgestaltung eine große Rolle und dient der Reifung. Sie birgt in sich die Gefahr der starr machenden Routine und gleichzeitig die Chance der Verlebendigung durch Vertiefung. Deshalb ist es wichtig, genau zwischen Weg und Ziel zu unterscheiden. Eine sich wiederholende Methode kann immer nur Hilfsmittel auf dem Weg zum Ziel sein, sie darf nie selbst zum Ziel werden. Das Ziel ist die Gemeinschaft mit Gott, zu der es einen Weg zu gehen gilt.

Die bisherige Beschreibung macht deutlich, dass der Weg der Nachfolge der Begleitung bedarf. Immer wieder ist Unterscheidung wichtig, damit der Weg nicht zum Ziel wird, damit die Askese nicht zur Selbstknechtung verkommt, damit die Wiederholung nicht in Routine erstarrt, damit die Sensibilität nicht erlahmt, damit die Dunkelheit bestanden werden kann. Die geistliche Begleitung dient dem Reifungsprozess des Menschen und soll ihn auf dem Weg halten, immer im Bewusstsein, dass Gott und sein Geist der eigentliche Begleiter und Führer des Menschen ist. Deshalb lässt sich geistliche Begleitung auch

---

14 Teresa von Ávila, Nada te turbe, in: Teresa von Ávila, Gedanken zum Hohenlied, Gedichte und kleinere Schriften, Vollständige Neuübertragung, Freiburg 2004, S. 344.

als ständiges Bemühen um das Öffnen der Perspektive auf Gott hin beschreiben. Geistliche Begleitung sollte der Garant dafür sein, dass Einübung und Askese ihre positive Ausrichtung behält, auch wenn dies durchaus schwierige Phasen, Verzicht und Anstrengung bedeutet.

Grundannahmen für Exerzitien

Abhängig von der jeweiligen Spiritualität und vom Vorverständnis gibt es verschiedene Grundannahmen für Exerzitien. Stellvertretend sollen zwei Definitionen aus unterschiedlichen Epochen genannt werden. Ignatius von Loyola definierte Mitte des 16. Jahrhunderts Exerzitien als „Geistliche Übungen um über sich selbst zu siegen und sein Leben zu ordnen, ohne sich bestimmen zu lassen durch irgendeine Anhänglichkeit, die ungeordnet wäre."[15] Dagegen sind für Karin Johne am Ende des 20. Jahrhunderts Exerzitien vor allem Formen, mit Christus in Kontakt zu kommen und die Welt, den Alltag und das Leben aus dieser intensiven Begegnung heraus zu gestalten: „Alles tun, damit wir zum geistigen Tempel Gottes erbaut werden können, in welchem der dreieinige Gott in uns und durch uns Wirklichkeit werden kann in dieser Welt."[16] Im Folgenden sollen wesentliche Grundannahmen für Exerzitien erläutert werden.

---

15 Ignatius von Loyola, Geistliche Übungen, nach dem spanischen Urtext übersetzt von Peter Knauer, Würzburg 1998, GÜ 21; Zitate sind im Folgenden mit GÜ [Geistliche Übungen] und Absatznummer gekennzeichnet.
16 Karin Johne, Geistlicher Übungsweg für den Alltag, Leipzig u. a. 1987, S. 13.

„Spiritualität ist die fortwährende Umformung eines Menschen, der antwortet auf den Ruf Gottes."[17] „Umformung" ist der zentrale Begriff dieser Arbeitsdefinition, die am Institut für Spiritualität an der Philosophisch-Theologischen Hochschule Münster entwickelt wurde. Damit wird deutlich, dass Spiritualität einen Prozess, ein Geschehen beschreibt, das fortwährend, auf Zukunft hin offen und unabgeschlossen ist. Der Mensch und die Schöpfung befinden sich in einem Transformationsprozess. Es gibt Wachstum, Krisen, Entwicklung und Reifung wie auch Umkehr und Veränderung. Geistliches Leben und geistliche Entwicklung sind ein Prozess, in dem zwei Bewegungen vorhanden sind: die Anrufung Gottes und das Hören des Menschen als seine Antwort. Der Mensch ist von Gott angerufen und beim Namen genannt. Es gibt die Gnade, die dem Menschen in seinem Handeln und Antworten zuvorkommt. Darin wirkt der Heilige Geist, der uns gesandt ist, als eigentlicher „geistlicher Begleiter". Er wirkt in der Begegnung mit Menschen, mit der Schrift, mit Stille, Natur oder Musik. Er wirkt im Dazwischen, in der Dynamik, im Prozess.

Der Heilige Geist ist der eigentliche geistliche Begleiter. Johannes vom Kreuz schrieb im ausgehenden 16. Jahrhundert: Die „… Seelenführer mögen sich bewusst sein, dass der eigentliche Beweger der Seelen nicht sie sind, sondern der unablässig um sie bemühte Heilige Geist; dass sie nur Wegweiser sind für den Aufstieg zur Vollkommenheit kraft des Glaubens und des göttlichen Gesetzes, zu einer Vollkommenheit gemäß dem Geiste, den Gott in jede Seele besonders eingießt. Und so sei

---

[17] Grundkurs Spiritualität, herausgegeben vom Institut für Spiritualität, Stuttgart 2000, S. 10.

denn sein ganzes Bestreben, sie nicht eigensinnig seiner eigenen Weise anzugleichen, sondern sich zu prüfen, ob er den Weg erkennt, den Gott sie führt; und wenn er ihn nicht erkennt, soll er jene Gott überlassen, statt sie zu verstören. In Übereinstimmung mit dem von Gott bestimmten Weg und Geist sei ihr Bemühen, sie zu immer größerer Einsamkeit und Stille und Freiheit des Geistes hinzulenken."[18] Es gehe darum, so auch Ignatius von Loyola, „... unmittelbar den Schöpfer mit dem Geschöpf wirken [zu] lassen und das Geschöpf mit seinem Schöpfer und Herrn."[19] Geistliche Begleitung ist durch eine trialogische Struktur zwischen Begleiter beziehungsweise Begleiterin, Suchenden und Heiligem Geist bestimmt.

Der Heilige Geist weht wo, wie und wann er will und der Mensch als Begleiter braucht nichts hinzuzufügen. Aus der festen Überzeugung und dem Vertrauen auf den Heiligen Geist erwächst Aufmerksamkeit und Stille. Dies verdeutlicht, dass Aufmerksamkeit für das geistliche Leben und für Exerzitien Voraussetzung, Ziel und einzuübende Haltung ist. Um den Ruf Gottes zu hören und darauf antworten zu können, um in den Prozess der Umformung einzustimmen, um dem Glauben und Suchen Ausdruck zu geben, ist Aufmerksamkeit erforderlich. Innere und äußere Stille sind für die Einübung und zur Entfaltung derselben eine wesentliche Voraussetzung.

Drei Grundoptionen ergeben sich daraus für die Arbeit in Exerzitien:

1. Raum schaffen, einen äußeren und inneren Raum bieten und eröffnen;

---

18 Johannes vom Kreuz, Die lebendige Flamme. Die Briefe und die kleinen Schriften, übertragen von Irene Behn, Einsiedeln 1964, S. 88.
19 Ignatius von Loyola, GÜ 15.

2. sich selbst wahrnehmen;
3. dem Prozess vertrauen bzw. den Prozess begleiten.

Prinzipiell ist dabei vom Potential, von den Ressourcen und den positiven Möglichkeiten eines Menschen auszugehen. Dieser Aufgabe widmen sich Exerzitien unabhängig von ihrer Form und Dauer. Mit ihnen werden Gelegenheiten angeboten und Menschen dazu angeregt, sich selbst und ihr Leben als Augenblick und Prozess wahrzunehmen und diesem zu vertrauen. Exerzitien sind somit besondere Zeiten, Auszeiten, Pausen und Unterbrechungen im Alltag, in denen der Mensch versuchen kann, innezuhalten und aufmerksam zu werden. Es sind Zeiten, in denen der Glaube gepflegt oder ihm wieder Ausdruck gegeben werden kann, wo der Mensch die Möglichkeit hat, dem Vertrauen auf Gottes Wirken Raum zu geben. In dieser räumlichen und zeitlichen Intensivierung strahlen Exerzitien auf die gesamte Lebensgeschichte des Menschen aus.

Geschichtliche Entwicklung

Versucht man der Geschichte der Exerzitien nachzugehen, stößt man in erster Linie immer wieder auf Ignatius von Loyola und seine Form der Exerzitien, die bis heute prägend ist. „Die in der Geschichte des geistlichen Lebens klassische Form der Exerzitien sind die des Ignatius von Loyola, denen auch die Kirche vor anderen den Vorzug gibt", konstatiert der Theologe Hugo Rahner.[20] Gleichlautend erklärte Papst Pius XI. in seiner Enzyklika „Mens nostra" im Jahr 1929, dass es unter allen Methoden geistlicher Übungen eine gebe, die die vollkommene und wiederholte Zustimmung des Apostolischen Stuhls bekommen habe, nämlich die Methode des heiligen Ignatius von Loyola, des Heiligen, der gerne als in geistlichen Übungen spezialisierter Meister bezeichnet wurde.[21]

Ignatius hat die Exerzitien allerdings nicht erfunden und war sich bewusst, dass er selbst in einer langen Tradition steht, der er Ideen und Formen verdankt, die er in seinen Exerzitien weiterentwickelt hat. So sollen an dieser Stelle verschiedene Stränge und Formen aufgewiesen und damit ein Überblick über die Entwicklung der Exerzitien gegeben werden.

Der historische Bogen wird dabei vom 4. bis zum 16. Jahrhundert gespannt. Beginnend mit den ägyptischen Wüstenvätern und -müttern wird auf den Ordensgründer Benedikt von Nursia, den Kartäuser Guigo II., die Zisterzienserin und

---

20 Hugo Rahner, Art. „Exerzitien", in: LThK, 2. Aufl., Bd. 3, Sp. 1297, Freiburg u. a. 1959.
21 Vgl. Papst Pius XI., Enzyklika „Mens nostra", Abs. 16, St. Peter Rom, 20. Dezember 1929.

Mystikerin Gertrud von Helfta, den franziskanischen Theologen Bonaventura sowie den Kartäuser und spätmittelalterlichen Erbauungsschriftsteller Ludolf von Sachsen eingegangen. Den „Geistlichen Übungen" des Ignatius von Loyola wird besondere Aufmerksamkeit gewidmet.

Die Weisungen der Väter und Mütter der Wüste

Bischof Cyprian von Karthago empfiehlt in der ersten Hälfte des 3. Jahrhunderts die „exercitia", da Jesus uns erlöst hat, indem er durch Prüfungen (*exercitia*) und Tod hindurchgegangen ist. Einflussreich hierfür war vor allem das Beispiel Jesu aus Mt 4,1–11: „Dann wurde Jesus vom Geist in die Wüste geführt; dort sollte er vom Teufel versucht werden." (Mt 4,1) 40 Tage und Nächte setzt sich Jesus mit den Versuchungen des Teufels auseinander und widersteht ihnen. Dies wurde im Laufe der Jahrhunderte immer wieder erinnert und Christi Beispiel folgend eingeübt. Die Väter und Mütter der Wüste – frühchristliche Mönche, die im 4. und 5. Jahrhundert ein zurückgezogenes Leben in den Wüsten Ägyptens führten – sahen in dieser Landschaft und in der Einsamkeit den Ort ihrer *exercitia*. Die Wüste als bevorzugte Stätte der Dämonen wurde für sie der Ort, dem Widersacher an seinem letzten Zufluchtsort zu begegnen und ihn zu besiegen. Herzensruhe und die Vereinigung mit Gott waren Ziel des anachoretischen (einsiedlerischen) Lebens.

Die Wüste ist für das frühchristliche Mönchtum nicht nur ein Ort der Zurückgezogenheit, sondern ein heilsgeschichtlicher Ort: der Ort der Erwählung des Volkes durch Gott, der Ort der ersten Liebe Gottes. Doch tiefste Intention der Mönche ist die Auseinandersetzung mit sich selbst, den eigenen Dämonen und die Begegnung mit Christus. Wüste meint nicht einen ruhigen und besinnlichen Ort, sondern steht für das Einlassen auf sich selbst und Gott – und das führt stets zu einer „ruhigen Ruhelosigkeit". Die Erfahrungen der Väter und Mütter, die in die Wüste und die Stille gingen, waren Verlockungen und Begierden, die mit Begriffen wie „Leidenschaften", „Gedanken", „Wünsche" und „Dämonen" bezeichnet wurden. Die Dämonen sind dabei das Spiegelbild der Seele. Sie verhalten sich gegenüber dem Menschen, wie sie ihn antreffen. Soll den Dämonen nicht ausgewichen werden, will man sich diesen stellen, sich mit diesen auseinandersetzen, so ist dies eine Anforderung und Herausforderung, die einem geistlichen Kampf gleicht.

Überliefert sind Worte und kurze Geschichten der Mönchsväter und -mütter in den „Apophthegmata Patrum", den Sprüchen der Väter.[22] Das Mönchtum verstand das asketische Leben in der Wüste als ein unblutiges Martyrium (Zeugnis) für Christus. Wer sich auf diesen Weg einließ, begegnete zunächst nicht Gott, sondern sich selbst. Die erste Aufgabe des geistlichen Weges bestand in der Auseinandersetzung mit sich selbst, den eigenen Bildern, Gedanken, Wünschen, Leidenschaften und Dämonen. Der innere Ort dafür war das eigene Herz, der äußere Ort die Mönchszelle, das Kellion. Von Antonios wird der Spruch überliefert: „Wer in der Wüste sitzt und die Herzensruhe pflegt, wird drei Kämpfen entrissen: Dem Hören,

---

[22] Weisung der Väter. Apophthegmata Patrum, hg. von Bonifaz Miller, eingeleitet von Wilhelm Nyssen, Trier 10. Aufl. 2018. Zitate sind im Folgenden mit Apo gekennzeichnet.

dem Reden, dem Sehen. Er hat nur noch einen Kampf zu führen: den gegen das eigene Herz." (Antonios 11, Apo 11) Altvater Moses erwidert einem Bruder, der von ihm ein Wort begehrt: „Fort, geh in dein Kellion und setze dich nieder, das Kellion wird dich alles lehren." (Moses 6, Apo 500)

Selbst- und Gotteserkenntnis gehörten im alten Mönchtum zusammen, der Weg zu Gott führte über die notwendige Auseinandersetzung mit sich selbst. Dieser Weg, das wurde bald deutlich, bedurfte der Weisung und Begleitung. Er brauchte erfahrene Menschen (Abbas und Ammas), die zu unterscheiden halfen. Eine Begleitung erforderte die offene Darlegung der eigenen Situation in ihrer äußerlichen und vor allem innerlichen Verfasstheit, also die Gewissenseröffnung: „Über keinen freut sich der Teufel so sehr wie über jene, die ihre Gedanken nicht offenbaren." (Poimen 101, Apo 675) Den Vätern und Müttern der Wüste wurde die Gabe der Unterscheidung der Geister zugetraut, die einerseits als Geistesgabe Geschenk war, andererseits aber auf eigenen Erfahrungen mit dem geistlichen Weg beruhte. Ihr Wort wurde als Wort zum Heil erbeten und galt als geistbegabt und geistgewirkt.

Insgesamt ist bei den Wüstenvätern und -müttern eine positiv rücksichtsvolle Einstellung zum suchenden Menschen prägend, die zum Beispiel in der Weisung „Nicht urteilen!" zum Ausdruck kommt. Um dem Menschen, gerade auch dem gefährdeten Menschen, den Weg des Wachstums durch Festlegungen oder Urteile nicht zu verbauen, gehen die Wüstenväter und -mütter ungewöhnliche Wege oder sie werden, wenn sie sich nicht an diese Grundeinstellung halten, von Gott selbst zur Rechenschaft gezogen, indem er sie durch seinen Engel fragen lässt: „Was soll ich mit dem gestrauchelten Bruder, den du gerichtet hast, anfangen?" (Isaak von Theben 1, Apo 422) Die Aussprüche der Mönche zeigen eine große Vertrautheit mit der Heiligen Schrift und zugleich eine tiefe Kenntnis des menschlichen Herzens und Lebens. Die Erkenntnis des eigenen Herzens mit seinen Winkeln und Abgründen führt im Umgang mit anderen zu einer Haltung der Sanftmut. So können die Väter und Mütter der Wüste als Exerzitienbegleiter der ersten Stunde und durchaus auch als frühe Therapeuten verstanden werden.[23]

Wichtige Elemente der *exercitia* sind für die Wüstenväter und -mütter vor allem die Beständigkeit in der Lebensgestaltung, der Wechsel von Gebet und Handarbeit, Besitzlosigkeit, die Einsamkeit, die Enthaltsamkeit, das Fasten, der Kampf gegen die Laster und Leidenschaften, die Tränen sowie die Demut. Diese asketische Praxis soll für die Gottesschau vorbereiten. Für die spätere Zeit stilprägend wurde insbesondere der Wechsel von Gebet und Arbeit. In der ersten Geschichte von Antonios, die am Anfang der „Apophthegmata Patrum" erzählt wird, fragt der Mönchsvater, wie er gerettet werden könne. Er sieht eine Gestalt, die sich am Ende als Engel entpuppt, wie sie fortwährend hingeht und arbeitet, hingeht und betet. In dem später bekannten „Ora et labora" erkennt Antonios seinen Heilsweg. Die Strukturierung des Tages war für den Mönchsvater und ist bis heute eine entscheidende Aufgabe der Lebensgestaltung in der alltäglichen Ausrichtung auf Gott.

Im Sinne einer Übung gewann der Umgang der Wüstenväter und -mütter mit der Heiligen Schrift an Bedeutung: die soge-

---

23 Vgl. Daniel Hell, Die Sprache der Seele verstehen. Die Wüstenväter als Therapeuten, Freiburg/Br. 2. Aufl. 2016.

nannte *ruminatio*, das „Wiederkäuen" der Schrift. Die frühchristlichen Mönche waren zu einem Großteil Analphabeten. Sie konnten wichtige Teile der Schrift, wie die Psalmen, in Einzelfällen auch die komplette Schrift auswendig. Ihre Schriftbetrachtung bestand darin, dass sie die Worte der Schrift immer wieder vor sich hin murmelten. Dieses repetitive Vor-sich-hin-Murmeln ist der Ursprung einer späterhin systematisierten Schriftbetrachtung, der *lectio divina*.

Die Regel des Benedikt von Nursia

Einer der bekanntesten Heiligen der Kirche ist zweifellos Benedikt von Nursia (um 480–547), der Patron Europas. Insbesondere durch seine Regel blieb er über Jahrhunderte hinweg einflussreich. Angesichts dieser Bedeutung ist es um so verwunderlicher, wie spärlich die historischen Quellen seines Lebens sind. Letztlich vermitteln zwei sehr unterschiedliche Zeugnisse einen Eindruck von Benedikts Leben und Werk: zunächst seine Mönchsregel, ein Text aus dem zweiten Viertel des 6. Jahrhunderts,[24] und dann eine Lebensbeschreibung, die von Papst Gregor dem Großen (um 540–604) stammt und dem „Leben und den Wundern des ehrwürdigen Abtes Benedikt" gewidmet ist.[25]

---

[24] Benedikt von Nursia, Die Benediktusregel/Regula Benedicti, Lateinisch/Deutsch, hg. im Auftrag der Salzburger Äbtekonferenz, Beuron 4. Aufl. 2006. Zitate sind im Folgenden mit RB gekennzeichnet.
[25] Gregor der Große, Der hl. Benedikt, Buch II der Dialoge, hg. im Auftrag der Salzburger Äbtekonferenz, St. Ottilien 2. Aufl. 2008.

Nach der Lebensbeschreibung von Papst Gregor dem Großen ist Benedikt um das Jahr 480 im italienischen Nursia (heute: Norcia) geboren. Er studierte in Rom, doch angewidert vom moralischen Niedergang der Stadt brach er das Studium ab und zog sich in die Einsamkeit zurück. Zunächst schloss er sich einer Asketengemeinschaft in Enfide an, aber schon bald ging er von dort weg und verbarg sich in einer Höhle am Anio bei Subiaco. In dieser Einsamkeit verbrachte Benedikt drei Jahre als Eremit und machte dort eine entscheidende persönliche und spirituelle Wandlung durch – er kam in Berührung mit der inneren Welt seiner Seele.

Diesen Menschen, der ganz bei sich und im Einklang mit sich selbst war, suchten zunächst Hirten aus der Umgebung mit ihren Nöten auf. Ihnen folgten rasch viele Menschen, die Benedikt um Rat baten. Sein Ruf verbreitete sich schnell und ein nahegelegenes Kloster wählte ihn zum Vorsteher. Doch Benedikt war offensichtlich für die Mönche dort zu streng: Bei dem Versuch, das Kloster zu reformieren, entging er nur durch ein Wunder einem Giftanschlag der Mönche. Benedikt kehrte nach Subiaco zurück. Dort sammelte sich um ihn eine Schar von Eremiten, mit denen er 529 nach Kampanien übersiedelte und auf dem Monte Cassino, nordöstlich von Capua, ein Kloster gründete. Dieses Kloster sollte zur Hochburg des abendländischen Mönchtums und zum Stammkloster des Benediktinerordens werden. Benedikt arbeitete für sein Kloster eine „Regula" aus, die sicher sein wichtigstes Vermächtnis, sein Testament darstellt.

Nach der Regel des hl. Benedikt verpflichten sich die Mönche zum Gehorsam, zum Ausharren in der Gemeinschaft am Ort (*stabilitas*) und zum klösterlichen Lebenswandel (*conversatione morum)* (vgl. RB 58,17). Gerade die *stabilitas* und der klösterliche Lebenswandel beschreiben eine grundlegende Spannung zwischen Bleiben und Aufbrechen. Während das Ausharren auf die Treue und das Bleiben setzt, beschreibt der klösterliche Lebenswandel die lebenslang notwendige, beständige Bekehrung und damit Wandlung in diesem Leben. Seine Dynamik gewinnt das Leben aus dem christologischen Bezug und der Umkehr zu Christus. Diese Rückkehr meint die Rückkehr zum Taufversprechen. Im Prolog der Benediktsregel wird dies durch die Aussage bekräftigt: „Wer aber im klösterlichen Leben und im Glauben fortschreitet, dem wird das Herz weit, und er läuft in unsagbarem Glück der Liebe den Weg der Gebote Gottes." (RB Prolog, 49) Hieran ist wichtig, dass Umkehr nicht nur Abkehr von etwas heißt, sondern viel wesentlicher Hinkehr zu jemandem, damit das Herz weit wird.

Benedikt versteht sein Kloster als eine „Schule für den Dienst des Herrn" (RB Prolog, 45). Und weil er das Leben kennt und aus der mönchischen Tradition und eigener Erfahrung weiß, dass der Weg der Umkehr auch schwer und zum Kampf werden kann, fügt er im Prolog hinzu: „Bei dieser Gründung hoffen wir, nichts Hartes und nichts Schweres festzulegen. Sollte es jedoch aus wohlüberlegtem Grund etwas strenger zugehen, um Fehler zu bessern und die Liebe zu bewahren, dann lass dich nicht sofort von Angst verwirren und fliehe nicht vom Weg des Heils; er kann am Anfang nicht anders sein als eng." (RB Prolog, 46–48)

Die Suche nach dem rechten Maß ist ein Charakteristikum des alten Mönchtums. Darin spiegelt sich die Erfahrung, dass es wenig gibt, was eindeutig nur schlecht oder unzweifelhaft nur gut ist, und dass sich die Lebensgestaltung oft nicht in den

Fragen von Entweder-oder abspielt, sondern im Austarieren von Vor- und Nachteilen, von positiven und negativen Folgen. Hinzu kommt noch, dass das rechte Maß nicht allgemein zu definieren ist, sondern was für den einen zu viel ist, ist für den anderen gerade recht, was für die eine Gefahr darstellt, das ist für eine andere die richtige Herausforderung. Benedikt hat diesen maßvollen Umgang für die Lebensgestaltung einer Klostergemeinschaft zum Grundprinzip seiner Regel gemacht.

Das koinobitische, in Gemeinschaft lebende Mönchtum setzt die Tradition der Anachoreten fort. In der Regel des hl. Benedikt treten Elemente der Übung im monastischen Kloster strukturiert hervor, die bereits in den Weisungen der Wüstenväter und -mütter angelegt sind: das strukturierte Gebet in den Gebetszeiten, die Lesung als eigener Tagesordnungspunkt, aber auch die Muße, dazu die Begleitung durch den Abt oder durch von ihm eingesetzte Brüder. Die Gestaltung des eigenen geistlichen Lebens ist nun eingebettet in eine gemeinschaftliche Struktur und Ordnung, die hilfreich, aber auch zuweilen hinderlich für die Entwicklung des einzelnen Mönches sein kann. Deshalb setzt die Regel Benedikts, die sicher einflussreichste monastische Regel, auf die Weisheit des Maßes und der Unterscheidung, um Einseitigkeiten und Übertreibungen wie Nachlässigkeit und Faulheit zu vermeiden.

Die Regel soll nicht nur gelesen und meditiert, sondern auch gelebt werden. Es geht um die Praxis, um die *exercitia* im Sinne von Übung und Einübung. Abgesehen von spezifischen monastischen Lebensformen geht es in der Regel um gelebte christliche Spiritualität. Das gesamte klösterliche Leben ist die Schule für den Dienst des Herrn und das Ziel der *exercitia* ist die Weite des Herzens und die Liebe zu Gott. Die Übungen haben also ein Ziel und sind nicht Selbstzweck. Der Weg ist nicht das Ziel, sondern bleibt der Weg, und genau das gilt es immer wieder klug zu unterscheiden. Nicht die Perfektion der Übung, sondern die Weite des Herzens ist das Ziel derselben.

Auch außerhalb der Klostermauern können dabei folgende Elemente der Regel für Exerzitien bedeutsam sein: Bleiben und Aufbrechen sowie Bewahren und Verwandeln stehen in einer fruchtbaren Spannung und brauchen sich gegenseitig. Wandel ist nur dort möglich, wo es ein Mindestmaß an Fundament, an Treue, an Verwurzelung gibt und ein Mindestmaß an Verlässlichkeit. Man kann nicht jeden Tag sein Leben neu erfinden, es braucht Verbindlichkeiten. Andererseits darf diese Treue nicht zur Erstarrung führen und zum bloßen Funktionieren in eingefahrenen Gleisen. Die Treue braucht die Herausforderung des Wandels, damit nicht der momentane Zustand zur Vollkommenheit erklärt wird, denn Vollkommenheit ist ein Zustand der Ewigkeit.

Im 49. Kapitel der Regel Benedikts wird die Fastenzeit als Zeit der besonderen Aufmerksamkeit für die geistlichen Übungen beschrieben und praktisch als Exerzitien für den Konvent verstanden. Im 6. Jahrhundert entstanden daraus die sog. Quadragesima-Exerzitien (Fastenzeitexerzitien) in Gallien: eine allgemeine Praxis gemäß dem Vorbild Jesu, der 40 Tage in der Wüste verbrachte. In der Regel wird für die Fastenzeit erläutert: „Der Mönch soll zwar immer ein Leben führen wie in der Fastenzeit. Dazu aber haben nur wenige die Kraft. Deshalb raten wir, dass wir wenigstens in diesen Tagen der Fastenzeit in aller Lauterkeit auf unser Leben achten und gemeinsam in diesen heiligen Tagen die früheren Nachlässigkeiten tilgen. Das geschieht dann in rechter Weise, wenn wir uns vor allen Fehlern hüten und uns um das Gebet unter Tränen, um die Lesung, die Reue des Herzens und um Verzicht mühen. Gehen wir also in diesen Tagen über die gewohnte Pflicht unseres Dienstes hinaus durch besonderes Gebet und durch Verzicht beim Essen und Trinken. So möge jeder über das ihm zugewiesene Maß hinaus aus eigenem Willen in der Freude des Heiligen Geistes Gott etwas darbringen; er entziehe seinem Leib etwas an Speise, Trank und Schlaf und verzichte auf Geschwätz und Albernheiten. Mit geistlicher Sehnsucht und Freude erwarte er das heilige Osterfest. Was aber der einzelne als Opfer bringen will, unterbreite er seinem Abt. Es geschehe mit seinem Gebet und seiner Einwilligung; denn was ohne Erlaubnis des geistlichen Vaters geschieht, wird einmal als Anmaßung und eitle Ehrsucht gelten und nicht belohnt. Also werde alles mit Einwilligung des Abtes getan." (RB 49,1–10) Der Abt ist damit der Exerzitienbegleiter und hat auf die Angemessenheit der Übungen zu achten. Nach den Erfahrungen des alten Mönchtums sind Übertreibungen zu vermeiden, von Abbas Poimen kurz zusammengefasst: „Alles Übermaß ist von den Dämonen." (Poimen 129, Apo 703)

In diesen Ausführungen zur Fastenzeit deutet sich bereits ein Wandel im Verständnis von Exerzitien an. In den ersten Jahrhunderten wird unter *exercitium* die Anstrengung in Aktion (Askese) verstanden. Der Ausdruck gilt auch für die Übung einzelner Tugenden, für die Tageseinteilung, für Arbeits- und Gebetsweisen. Doch nach und nach findet im Mittelalter eine Verschiebung statt: Mehr und mehr werden *exercitia* mit *spiritualia* ergänzt und infolgedessen auf Gebetsübungen eingeschränkt. Waren Exerzitien für die Wüstenväter und -mütter noch sehr stark eine mit der Handarbeit verbundene geistliche

Übung, sahen etwa die Mönche der cluniazensischen Reform im 10. bis 11. Jahrhundert in den Exerzitien rein geistliche, stark individuell ausgeprägte Übungen, die der Mönch neben seinen in der Regel vorgeschriebenen Übungen verrichten soll.

Die Leiter zu Gott des Kartäusers Guigo

Über das Leben Guigo II., auch Guigo der Kartäuser genannt, ist nur wenig bekannt. Sicher ist, dass er von 1174 bis 1180 Prior der Großen Kartause war. Im Jahre 1084 hatte Bruno von Köln mit sechs Gefährten in einer einsamen Gebirgsgegend bei Grenoble in Frankreich diese erste Kartause gegründet. Sie wurde später als „La Grande Chartreuse" (Große Kartause) bezeichnet und ist bis heute das Mutterkloster des Kartäuserordens. 1193 starb Guigo der Kartäuser im Ruf der Heiligkeit.

Noch vor 1150 schrieb Guigo als junger und angeblich unerfahrener Mönch an den älteren Gervasius, Kartäuser von Mont-Dieu, seinen Traktat „Scala claustralium".[26] In seinem Brief bat er ihn um Korrektur: „So habe ich mich entschlossen, dir einige Gedanken über die geistlichen Übungen der Mönche, die du mehr aus der Erfahrung kennst als ich durch Nachdenken, mitzuteilen, damit du sie beurteilen und verbessern kannst." (Scala claustralium, Brief an Bruder Gervasius). Während der Handarbeit dachte Guigo über die geistlichen Übungen der Menschen nach, und es kamen ihm „... mit einem Male

---

[26] Guigo der Kartäuser, Scala claustralium. Die Leiter der Mönche zu Gott. Eine Hinführung zur lectio divina, übersetzt und eingeleitet von Daniel Tibi, Nordhausen 2008. Zitate sind im Folgenden mit Scala claustralium gekennzeichnet.

vier geistliche Stufen in den Sinn, nämlich *lectio* (Lesung), *meditatio* (Meditation), *oratio* (Gebet) und *contemplatio* (Kontemplation). Dies ist die Leiter der Mönche, durch die sie von der Erde in den Himmel hinaufgeführt werden. Stufen hat sie nur wenige, unermesslich aber und unglaublich ist ihre Größe. Ihr unteres Ende steht auf der Erde, ihr oberes aber durchdringt die Wolken und versucht, den Himmel zu erspähen." (Scala claustralium I)

Guigo schöpft ganz aus der Tradition. Er erfindet nichts Neues, denn die *lectio divina*, die betende Lesung der Bibel, hat im Mönchtum eine breite Tradition. Die *lectio*, die Lesung, besteht im sorgfältigen Lesen der Heiligen Schrift. Lesen bedeutete damals nicht, einen Text still nur mit den Augen zu erfassen, sondern ihn halblaut vor sich hin zu murmeln. Die *meditatio*, die Meditation oder Besinnung, zieht in der Suche nach der verborgenen Wahrheit das Gemüt und die Vernunft an. Guigo vergleicht das Meditieren mit dem Zerkauen einer Speise. Der Vers, der bei der Lesung den Appetit angeregt hat, wird nun durch beständiges Wiederholen und Erwägen zerkleinert und zerkaut. Die monastische Tradition spricht hier von *ruminatio* (wiederkäuen). Guigo betont: „Die Meditation ist die eifrige Tätigkeit des Verstandes, verborgene Wahrheiten durch die eigene Vernunft aufzudecken." (Scala claustralium I) Meditation ist eine aktive Phase, in der der Meditierende das Gelesene und Wahrgenommene sowohl reflexiv-intellektuell im Verstand als auch intuitiv-emotional im Herzen bewegt. Vorbild hierfür ist der Bericht des Lukasevangeliums von der Reaktion Mariens auf die von den Hirten überlieferten Engelsworte: „Maria aber bewahrte alle diese Worte und erwog sie in ihrem Herzen." (Lk 2,19)

Die Antwort des Menschen auf die Anrede Gottes in seinem Wort ist *oratio*, das Gebet, das Guigo als dritte Stufe benennt. Lesen und Meditieren sind allgemein verbreitet, das Gebet ist aber nur im Glauben an den lebendigen Gott möglich. Dabei kommt es nicht darauf an, viele gewählte Worte zu sprechen, sondern das Herz in Hingabe zu Gott zu erheben.

Die *contemplatio* schließlich lässt den Menschen über sich selbst hinauswachsen. Sie bedeutet, mit Gott vereint zu werden, und bleibt deshalb reines Geschenk. Die drei Stufen *lectio*, *meditatio* und *oratio* sind die Vorbereitung für die vierte Stufe, aber keinesfalls die Garantie dafür, dass *contemplatio* eintritt.

Für Guigo sind die vier Stufen für die christlichen Suchenden untrennbar: „Daraus können wir folgenden Schluss ziehen: dass die Lesung ohne Meditation trocken ist, die Meditation ohne Lesung in die Irre geht, das Gebet ohne Meditation lau ist, Meditation ohne Gebet unfruchtbar ist, das eifrige Gebet zur Kontemplation führt und die Erlangung der Kontemplation ohne Gebet selten ist und einem Wunder gleichkäme." (Scala claustralium XI)

Im Lesen wird deutlich, dass christliche Frömmigkeit einen Gegenstand hat, letztlich nie gegenstandslos ist. Die Heilige Schrift bleibt der Hauptbezugspunkt, doch darf Lesen sicher auch auf Wahrnehmung hin ausgeweitet werden. Schrift, Tradition und die Lebenswirklichkeit sind zu „lesen", im Sinne von aufmerksam wahrzunehmen. Die Meditation im christlichen Sinn beschäftigt sich mit dem Gelesenen auf der Ebene des Herzens. Sie ist eine Herzensangelegenheit, denn im Herzen kommen Verstand und Intuition, Kopf und Bauch zusammen. Das Gebet in der ausdrücklich dialogischen Gestalt als Hinwendung zu Gott und als Gespräch mit ihm ist nach Guigo die unterscheidend christliche Bewegung. Die Kontemplation zeigt das Ziel aller christlichen Frömmigkeit an, die Gottesbegegnung. Diese bleibt dabei Geschenk. Auf die Gottesbegegnung gilt es, sich in der frommen Übung (Askese) vorzubereiten. Sie ist selbst nicht einübbar. Der Weg der christlichen Frömmigkeit bleibt ein Übungsweg, der sich aus Lesung, Meditation und Gebet zusammensetzt. Wie immer die konkrete Mischung und Gewichtung aussieht, so sollten die drei Elemente stets vorkommen. Die Frucht der christlichen Frömmigkeit ist sodann die unter Umständen geschenkte Kontemplation, auf jeden Fall aber gehen die Tat der Nächstenliebe und das Wachstum der Tugenden daraus hervor.

Die Geistlichen Übungen der Gertrud von Helfta

Als im Jahr 1261 eine Fünfjährige der Obhut des Klosters St. Maria in Helfta übergeben wurde, konnte niemand ahnen, dass damit eine der größten, tiefgründigsten und sprachgewaltigsten deutschen Mystikerinnen dort ihren Lebens- und Wirkungsort gefunden hatte. Doch steht die Aufmerksamkeit, die Gertruds Schriften geschenkt wird, in auffälliger Diskrepanz zu dem, was über ihr Leben bekannt ist. Weder die Lebensumstände ihrer Herkunftsfamilie noch der vollständige Name Gertruds sind überliefert. Sicher ist, dass Gertrud die Zeit von ihrem fünften Lebensjahr bis zu ihrem Tod im Kloster zu Helfta verbrachte. Dort erfuhr sie eine umfassende wissenschaftliche und theologische Ausbildung und war in dieser Zeit schriftstellerisch tätig. Ihr Leben war so sehr mit dem Ort und der Gemeinschaft des Klosters verbunden, dass sie auch in der Tradition nach dem Klosterort benannt wurde: Gertrud von Helfta.

Die eindeutige Ordenszugehörigkeit des Klosters ist heute umstritten und spitzt sich auf die Frage zu, ob das Kloster Helfta im 13. Jahrhundert eine benediktinische oder zisterziensische Kommunität war. Die gegenwärtige Forschung tendiert zu einer zisterziensischen Prägung ohne feste Ordenseinbindung des Klosters. Dieser rechtliche Schwebezustand eröffnete einen großen Freiraum in Fragen der Spiritualität und der Wahl der Seelsorger, außerdem hatten die Schwestern die Möglichkeit, in Gebet und Liturgie neue Ausdrucksformen zu suchen und in geistlichen Fragen eine neue Sprache zu entwickeln. Gerade dieser Zustand ermöglichte es Gertrud, ihre mystischen Schriften zu verfassen.

Die Jahre 1258 bis 1346 werden als die Blütezeit des Klosters in Helfta angesehen. In dieser Zeit lebten und wirkten dort drei der bedeutendsten Mystikerinnen des 13. Jahrhunderts im deutschsprachigen Raum: Mechthild von Magdeburg, Mechthild von Hackeborn und Gertrud von Helfta. Von besonderer Bedeutung war der Einfluss der langjährigen Äbtissin Gertrud von Hackeborn. Dieser Äbtissin lagen die theologische Ausbildung und Qualifikation der Schwestern besonders am Herzen und wurden von ihr ausdrücklich gefördert.

Die Lebensdaten der drei Mystikerinnen sind eng miteinander verknüpft. Mechthild von Hackeborn, die jüngere Schwester der Äbtissin Gertrud von Hackeborn, lebte seit ihrem siebten Lebensjahr in Helfta und war 1261 etwa 20 Jahre alt. Zu diesem Zeitpunkt wurde die fünfjährige Gertrud ins Kloster gebracht und der Erziehung Mechthilds, die sowohl Lehrerin als auch Kantorin des Klosters war, anvertraut. Neun Jahre später kam Mechthild von Magdeburg ebenfalls nach Helfta. Etwa zehn Jahre lang lebten die drei Frauen zeitgleich in Helfta. Kurz vor dem Tod Mechthilds von Magdeburg ereignete sich im Januar 1281 das erste mystische Erlebnis Gertruds, das sie selbst als die Erweckung ihrer Seele bezeichnete. Am Gründonnerstag des Jahres 1289 begann sie mit den Aufzeichnungen ihrer Erfahrungen auf göttlichen Auftrag hin.

Ab dem 12. Jahrhundert finden sich verschiedene Methoden des Gebets und Vorstellungen davon, wie sich ein geistlicher Weg entwickelt und wie diese Entwicklung, die eher als ein Voranschreiten auf dem Weg zur Vervollkommnung gesehen wurde, gefördert werden konnte. Hinzu kam der Gedanke der Ordnung: Die Übungen lassen sich nicht beliebig aneinanderreihen, sie müssen einer gewissen Logik folgen. Erste Versuche systematischer Zusammenfassungen von Gebetsübungen im Sinne strukturierter geistlicher Übungen wurden in der Folgezeit versucht. Gertrud von Helfta war eine der ersten, die in ihren „Exercitia spiritualia"[27] Exerzitien im Sinne von geregelten mit bestimmten Tagen verbundenen Übungen ausarbeitete. Im Gegensatz zu anderen Autorinnen und Autoren ihrer Zeit verzichtete Gertrud in ihren „Exercitia" auf die Beschreibung von Fortschrittsstufen und formulierte auch keine theoretische Mystik. Die Konzentration auf bestimmte Themen in bestimm-

---

27 Gertrud von Helfta, Exercitia spiritualia/Geistliche Übungen, Lateinisch/Deutsch, herausgegeben, übersetzt und kommentiert von Siegfried Ringler, Elberfeld 2. Aufl. 2006. Zitate sind im Folgenden aus dieser Ausgabe. Eine weitere Übersetzung liegt von Johanna Schwalbe und Manfred Zieger vor: Gertrud von Helfta, Geistliche Übungen, übersetzt von Johanna Schwalbe und Manfred Zieger, St. Ottilien 2. Aufl. 2017.

ter Folge, verbunden mit praktischen Anweisungen, wie sie Gertrud vorgenommen hat, waren ein bedeutender Schritt für methodische Gebets- und Meditationsübungen.

Gertrud wählte in ihren „Exercitia" einen siebentägigen Aufbau. Doch lag es nicht in ihrer Absicht, Exerzitien mit einer Dauer von sieben Tagen zu entwickeln. In den Einleitungssätzen zu den jeweiligen Übungen wird deutlich, dass jede Übung zeitlich unabhängig von den anderen durchgeführt werden kann. Die fünfte Übung leitete Gertrud folgendermaßen ein: „Sooft du leer von allem sein willst, frei für die Liebe, so ziehe dein Herz weg von allen ungeordneten Gemütsregungen, hemmenden Fesseln und Einbildungen der Phantasie. Wähle dafür einen geeigneten Tag und Zeitraum, zumindest zu drei Zeiten am Tag, nämlich morgens, mittags und abends."[28] Die sieben Tage können als sieben Themen verstanden werden, die in Abfolge durchgeführt oder einzeln, der Situation entsprechend, an einem Tag aufgegriffen werden.

Der inhaltliche Aufbau der „Exercitia spiritualia" lässt sich in zwei Stränge gliedern. Der erste Strang stellt den Ablauf des menschlichen Lebens von dem Schuldbekenntnis und der Taufe (Exercitium I) über den ersten Tag des neuen Lebens bis zum Tod (Exercitium VII) in den Mittelpunkt. Damit verwoben ist der zweite Strang, in dem es um den Weg zur Einheit mit dem Göttlichen geht. Als Untergruppen meditieren dann die Exercitia I und II die geistliche Umkehr zu Gott, III und IV die Vereinigung mit Gott, V und VII das Wirken der göttlichen Liebe, während das VI. Exercitium, als der Höhepunkt des

---

[28] Gertrud von Helfta, Exercitia spiritualia/Geistliche Übungen, a. a. O., S. 129.

Werkes, Lobpreis und Danksagung ausspricht. Die „Exercitia spiritualia" sind eine Sammlung von persönlichen Gebeten Gertruds, liturgischen Gebeten, biblischen Stellen und Zitaten aus der geistlichen Tradition, die sich durch einzelne Anweisungen ordnen.

Vor dem Hintergrund hochmittelalterlicher Angst vor dem Gericht, gepaart mit Höllenvisionen, die die Portale der Kathedralen schmückten, entwirft Gertrud diesem gegenüber in ihren „Exercitia" ein anderes Verständnis des Christentums. Das Verhältnis zu Gott ist bei ihr angstfrei, es befreit von der Angst. „In der Begegnung mit Gott gewinnt der Mensch Wert und Würde. Zuversicht und Freude erfüllen ihn auch in den Mühen und Leiden des irdischen Daseins. Gertruds Exercitia zeigen so eine Jenseitsreligion, die bereits im Diesseits erlösend ist, indem sie nicht vom Leben sondern zum Leben befreit."[29]

Gertruds „Exercitia spiritualia" sind ohne Zweifel ein Hauptwerk christlicher Mystik. Gertrud von Helfta ist eine der ersten, die Übungen strukturiert und mit einem konzeptionellen Hintergrund ihren Mitschwestern und Mitmenschen als Exerzitien anbietet. Sie zeigt sich darin als hochgebildete Frau, die souverän über das theologische Wissen ihrer Zeit verfügt. In Form und Inhalt gibt Gertrud in den „Exercitia" auf kunstvolle, höchst verdichtete Art den Ertrag all ihres religiösen Wissens, Lebens und Erlebens wieder. Der Mediävist Kurt Ruh würdigt Gertruds Werk im Kontext des sechsten Exercitium: „Dieses Gebets-Exercitium ist eine unvergleichliche Summe der personalen Zuwendung des gläubigen und begnadeten

---

29 Siegfried Ringler in seiner Einführung in: Gertrud von Helfta, Exercitia spiritualia/Geistliche Übungen, a. a. O., S. 17.

Menschen im Gebet. Es hat eine Höhe, die in der gesamten Frauenmystik nie erreicht wurde. Alle Formen des Gebetes erscheinen in vielfachen Variationen."[30]

Der Pilgerweg zu Gott des Bonaventura

Um 1217/18, noch zu Lebzeiten des hl. Franz von Assisi, wurde Bonaventura als Johannes Fidanza in Bagnoregio bei Viterbo geboren. Der Legende nach verdankte Bonaventura seinen Namen dem hl. Franziskus: Als Franziskus 1226 im Sterben lag, habe ihn die Mutter mit dem Jungen besucht und Franziskus habe ausgerufen: „O buona ventura" („günstiger Wind" beziehungsweise „gute Zukunft"). Mit achtzehn Jahren immatrikulierte sich Bonaventura als Laie an der Pariser Universität Sorbonnes. Dort studierte er zunächst die sieben freien Künste. Dabei lag der Schwerpunkt seines Studiums auf der Sprache: der Grammatik, Rhetorik und Logik. 1243 trat er in den Franziskanerorden ein und erwarb fünf Jahre später die Bakkalaureuswürde, die ihm von da an erlaubte, in der Franziskanerschule in Paris Vorlesungen zu biblischen Büchern zu halten.

Als Bonaventura 1257 zum siebten Generalminister des Franziskanerordens gewählt wurde, gab er seine Lehrtätigkeit auf. Er versuchte, in den Auseinandersetzungen zwischen den beiden einander heftig bekämpfenden Richtungen im Franziskanerorden zu vermitteln. Inmitten einer radikaleren und einer

---

[30] Kurt Ruh, Geschichte der abendländischen Mystik, Bd. 2., Frauenmystik und Franziskanische Mystik der Frühzeit, München 1993, S. 335.

angepassteren Auslegung des Erbes des hl. Franziskus verfolgte er mit großer Nüchternheit einen Weg der Mitte. Bonaventura war vor allem die „Faszination des Anfangs" wichtig, die Orientierung an der Gründergestalt des Ordens, dem hl. Franziskus. Sein Anliegen war es, das Erbe lebendig zu erhalten und die Erfordernisse seiner Zeit und der Ordensentwicklung ernst zu nehmen. Auf diese Weise wurde Bonaventura in einer wichtigen Umbruchphase des Franziskanerordens praktisch zu dessen „zweitem Gründer". Das Generalkapitel in Narbonne erteilte ihm 1260 den Auftrag, eine neue Lebensbeschreibung des Franziskus von Assisi zu verfassen, und das Generalkapitel in Paris erklärte 1266 Bonaventuras Arbeit für die allein authentische Franziskusbiographie.

Die neuen Impulse zur Nachfolge Christi durch Franziskus und seine Gemeinschaft drängten aber geradezu dahin, Ausgangspunkt einer neuen Sichtweise auch in der wissenschaftlichen Theologie zu werden. Dafür stand Bonaventura: Er sah ganz auf der Linie des hl. Franziskus „Gott in den Dingen", die ihm deshalb unmittelbarer Anlass zum Lobpreis Gottes waren. Ebenso riefen sie aber auch in die Nachfolge dessen, der sich in die letzten Dimensionen der Welt und des Menschseins eingelassen hat – des Gekreuzigten. Bonaventura ging den Spuren Gottes nach. In seinem Hauptwerk „Itinerarium mentis in Deum" („Pilgerbuch der Seele zu Gott")[31] schrieb er: „Wer durch den Glanz der geschaffenen Dinge nicht erleuchtet wird, ist blind; wer von ihrem lauten Ruf nicht aufwacht, ist taub.

---

31 Bonaventura, Der Pilgerweg des Menschen zu Gott, hg. und übersetzt von Marianne Schlosser, St. Ottilien 2010. Zitate sind im Folgenden mit Itinerarium gekennzeichnet.

Öffne also deine Augen, neige dein geistiges Ohr, löse deine Lippen und bereite dein Herz, damit du in allen Geschöpfen deinen Gott sehen mögest und loben und lieben und verehren und preisen." (Itinerarium I, 15)

Im Jahre 1273 wurde Bonaventura zum Kardinalbischof von Albano ernannt, um als solcher auch bei den Vorbereitungen zum 2. Konzil von Lyon mitzuarbeiten. Er starb während des Konzils am 15. Juli 1274 in Lyon, etwas mehr als vier Monate nach seinem großen Zeitgenossen Thomas von Aquin, der auf dem Weg zum gleichen Konzil starb. Papst Sixtus IV. sprach Bonaventura 1482 heilig, und Sixtus V. nahm ihn 1587 als *doctor seraphicus* unter die Kirchenlehrer auf. Im Heiligsprechungsprozess wurde das „Itinerarium" als herausragendes Werk Bonaventuras genannt, in dem man die theologische Klarheit und den Geist des Heiligen findet. Hier kommen naturphilosophische Erkenntnis und Betrachtung der Schöpfung zusammen, ebenso wie erkenntnistheoretische Erwägungen und die Betrachtung der Wahrheit Christi – eine Fülle theologischer Gedanken, die auf ein Ziel ausgerichtet sind: die Fähigkeit zur Wahrnehmung der Gegenwart Gottes zu stärken und in Liebe Gott ähnlicher zu werden.

Das „Itinerarium" entstand 1259 auf dem Berg La Verna. Im Prolog schildert Bonaventura seine Suche nach Frieden und wie er sich 33 Jahre nach Franziskus' Tod zum Berg La Verna begab, auf dem Franziskus die Vision des geflügelten Seraphs nach dem Bild des Gekreuzigten hatte und die Wundmale (Stigmata) empfing. Bonaventura entschloss sich an diesem Ort, so berichtet er im Prolog, die Bedeutung der Vision des hl. Franziskus, nämlich die Erhebung in der Beschauung und den Weg, auf dem man zu ihr gelangt, aufzuzeigen.

Die sechs Flügel des Seraphs deutete Bonaventura als sechs Betrachtungen auf dem Weg zu Gott und teilte sein Werk danach ein: 1. Betrachtung Gottes durch seine Spuren im All; 2. Betrachtung Gottes in seinen Spuren in der sichtbaren Welt; 3. Betrachtung Gottes durch sein Abbild, das den natürlichen Fähigkeiten der Seele wie ein Spiegel eingeprägt ist; 4. Betrachtung Gottes in seinem durch die Gnadengaben neugeschaffenen Bild; 5. Betrachtung der Einheit Gottes durch seinen ersten Namen: das Sein; 6. Betrachtung der allerheiligsten Dreifaltigkeit in ihrem Namen: das Gute. Das Buch schließt mit dem 7. Kapitel: Die mystische Entrückung des Geistes, in der das Erkenntnisvermögen Ruhe findet, das Liebesvermögen aber sich überschreitend ganz in Gott hinübergeht.

Bonaventura legt mit dem „Itinerarium" zum ersten Mal eine systematisch-reflektierte Darstellung franziskanischer Spiritualität vor. Er erkennt die Grundlage des Weges zu Gott in der Sehnsucht. Durch sie kann der Mensch von Gott die Gnade der Kontemplation geschenkt bekommen. Diese Sehnsucht wird im lauten Rufen des Gebetes und in der Betrachtung, in der Hinwendung zum Licht konkret.

Das „Itinerarium" beinhaltet keine ausdrücklichen Exerzitien, jedoch Anregungen und Anleitungen, das geistliche Leben zu gestalten. Bonaventura führt in seinem Werk alles Geschaffene auf Gott zurück und entwickelt sechs Stufen des Aufstiegs mittels der Spiegelung Gottes in seinen Geschöpfen. Durch fünf Tore, die fünf Sinne, tritt der Kosmos in die Seele des Menschen ein. Diese Anleitungen sollen den Menschen für die Schöpfung sensibilisieren, darin soll er Gott erkennen, gleichzeitig die Aufgabe der Wissenschaft (im Sinne von Wissenserkenntnis) begreifen, sich auf den Weg zu Gott machen, an Jesus Christus glauben und lieben lernen. In diesem Übergang von der Betrachtung zur Wissenserkenntnis verwendet Bonaventura den Begriff „exercere". Er meint damit ein Üben, ein Sich-Einüben in diese Betrachtungsweise, in der man von der Betrachtung zur Erkenntnis gelangt, wobei ihm bewusst ist, dass dies immer ein Ineinander und Miteinander von menschlichem Handeln und Wirken Gottes ist.

Bonaventura bietet in seinem „Itinerarium" verzweigte philosophische und theologische Gedankengänge. Im Prolog weist er darauf hin, dass die Lektüre mit dem Gebet verbunden sein muss genauso wie das Forschen mit dem Staunen, das Studium mit innerer Anhänglichkeit, das Wissen mit der Liebe, der Verstand mit Demut und das eigene Bemühen mit der göttlichen Gnade. Das Lesen ist also einzubetten in das eigene geistliche Leben und Streben – ein Hinweis, den man durchaus generalisieren kann und der für alle Werke der geistlichen Tradition gilt.

Das Leben Christi des Ludolf von Sachsen

Bereits in jungen Jahren trat im frühen 14. Jahrhundert Ludolf von Sachsen in den Dominikanerorden ein. Er war über zwei Jahrzehnte lang Dominikaner und studierte Theologie, ehe er 1340 zu den Kartäusern wechselte und in die neu errichtete Kartause zu Straßburg kam. Bereits drei Jahre später wurde er zum Prior der Kartause in Koblenz gewählt. 1348 trat er von seinem Amt aus unbekannten Gründen zurück und ging als einfacher Mönch in die Kartause von Mainz. Dort schrieb er um 1360 sein Hauptwerk, die „Vita Christi" („Das Leben Jesu

Christi").[32] Später kehrte er nach Straßburg zurück, wo er um 1378 verstarb.[33]

Schon zu Ludolfs Lebzeiten wurde die „Vita Christi" in viele Sprachen übersetzt und somit zum meistgelesenen Erbauungsbuch des Spätmittelalters.[34] Bis ins 19. Jahrhundert hinein wurde das Werk immer wieder neu übersetzt und herausgegeben. Ludolfs „Vita Christi" ist keine Biographie Jesu, sondern eine Darstellung des gesamten Heilsmysteriums Christi, das anhand einer Evangeliensynopse und eingearbeiteter Quellen für das christliche Leben erschlossen wird. In dieser Lebensbeschreibung Jesu Christi verbindet Ludolf die vier Evangelien, Protoevangelien und die Apostelgeschichte miteinander, bezieht aber auch Sentenzen bedeutender Kirchenlehrer und zeitgenössischer Autoren mit ein, womit er eine theologische Vertiefung der Lebensgeschichte erreicht. Die große Anzahl historischer und zeitgenössischer Quellen lassen darauf schließen, dass der Abfassung Jahre des Sammelns vorausgegangen sind. Ludolf schmückt die Geschichte um einige Szenen aus, die in den biblischen und apokryphen Quellen nicht vorkommen und deren Herkunft nicht geklärt ist. Für den Aufbau der „Vita Christi" dienten Ludolf als wichtigste Vorlagen die pseudo-bonaventurianischen „Meditationes Vitae Christi" und die „Vita Christi" des Michael von Massa.

---

32 Ludolf von Sachsen, Das Leben Jesu Christi, übersetzt von Susanne Greiner und Martha Gisi, Einsiedeln 1994.
33 Vgl. Walter Baier, Art. „Ludolf von Sachsen", in: Neue deutsche Biographie, Bd. 15, hg. von der Historischen Kommission bei der Bayerischen Akademie der Wissenschaften, Berlin 1987.
34 Vgl. Andreas Falkner, Was las Iñigo de Loyola auf seinem Krankenlager? Zum Prooemium der „Vita Jesu Christi", in: Geist und Leben 61 (1988), S. 257.

In seinem Vorwort zur „Vita Christi" mahnt Ludolf, täglich das Leben Jesu zu betrachten und sich die evangelischen Szenen zu vergegenwärtigen, um auf diesem Weg immer mehr mit Christus gleichförmig zu werden: „Wenn du hingegen aus den Betrachtungen Frucht schöpfen möchtest, sollst du mit der ganzen Hingabe deines Herzens aufmerksam, zum Verkosten bereit, langsam, ohne dich um anderes zu sorgen oder zu kümmern, dich dem, was durch den Herrn Jesus gesagt oder getan wurde und was darüber erzählt wird, so zuwenden, als wärest du gegenwärtig, als würdest du es mit eigenen Ohren hören und mit deinen Augen sehen. Das ist für den, der mit Sehnsucht daran denkt, und noch mehr für den, der zu verkosten weiß, überaus angenehm. Wenngleich viel davon als Geschehen der Vergangenheit erzählt wird, sollst du alles doch so betrachten, als geschähe es in der Gegenwart, weil du dadurch zweifellos ein größeres Maß an Süßigkeit zu spüren bekommst. Lies also das, was geschehen ist, so, als würde es jetzt geschehen. Stell dir die vergangenen Ereignisse als gegenwärtig vor Augen, so wirst du mehr Schmackhaftes und Angenehmes verspüren."[35]

Die Übung der Imagination – das sich in die Szene der Schrift Hineinversetzen in sinnlicher und nicht intellektuell reflektierender Weise – wird hier beschrieben und im Buch weiter ausgeführt. Die einzelnen Kapitel bestehen aus einer Darlegung eines jeweiligen Abschnitts der christlichen Heilsgeschichte, einer Interpretation und Anwendung sowie aus einem abschließenden Gebet. Die Betrachtung des gesamten Lebens Jesu unter dem Aspekt des sogenannten moralischen Schrift-

---

35 Das Vorwort zum „Leben Jesu Christi". Das Erbauungsbuch des Kartäusermönchs Ludolf von Sachsen, in: Geist und Leben 61 (1988), S. 278.

sinns, sodass sich aus der Schriftbetrachtung Konsequenzen für das eigene Leben ergeben, ist das Anliegen Ludolfs. Auf diese Weise wird der symbolisch-bildhafte Charakter der Heilsgeschichte mit dem konkreten Leben verbunden.

Einfluss erzielte Ludolf mit seinem Hauptwerk in den benediktinischen Reformbewegungen im 15. Jahrhundert, in der Devotio Moderna und in Spanien im 16. Jahrhundert. Dass seine Betrachtungen bis heute nicht in Vergessenheit geraten sind, verdankt sich vor allem dem Umstand, dass die „Vita Christi" zum Bekehrungsbuch des Ignatius von Loyola wurde. Ignatius hat das Buch auf seinem Krankenlager gelesen, meditiert und später in seinen Exerzitien verarbeitet. Mit seiner Christozentrik und der Übung der Imagination hat Ludolf wesentliche Elemente der späteren ignatianischen Exerzitien vorgebildet, weshalb man ihn als einen der entscheidenden Wegbereiter dieser bis heute prägenden geistlichen Übung ansehen muss.

Die Geistlichen Übungen des Ignatius von Loyola

Íñigo López de Loyola, Ignatius genannt, überlieferte selbst die verschiedenen Stationen seines Lebens in der von ihm diktierten Autobiographie „Der Bericht des Pilgers".[36] Im Jahr 1491 auf Schloss Loyola im Baskenland geboren, wurde er nach dem Tod seines Vaters Page am Hof von Juan Velazquez de Cuellar. Als dieser 1517 starb, schloss sich Ignatius dem Militär an und

---

36 Ignatius von Loyola, Bericht des Pilgers, übersetzt und kommentiert von Peter Knauer, Würzburg 2015. Zitate sind im Folgenden mit BP gekennzeichnet.

diente unter dem Herzog von Najeras und Vizekönig von Navarra, Antonio Manrique de Lara. Kurz vor seinem dreißigsten Geburtstag, im Jahr 1521, wurde er bei der Verteidigung Pamplonas von einer französischen Kanonenkugel verletzt und musste im Haus seines Bruders in Loyola gepflegt werden. Die Erfahrungen dieser Zeit bilden die Grundlage eines wesentlichen Teils seiner geistlichen Lehre. Ignatius verlangte zum Zeitvertreib nach Ritterromanen, die er gerne las, jedoch fanden sich im Haus keine derartigen Bücher. Statt dessen brachte man ihm die „Legenda aurea", eine Sammlung von Heiligenlegenden des Jacobus de Voragine, und die vier Bücher der „Vita Christi" des Ludolf von Sachsen, eine Art früher Jesusroman.

Ignatius beobachtete aufmerksam die Wirkungen, die verschiedene Gedanken und Träumereien während seiner Lektüre auf ihn hatten. Im Bericht des Pilgers heißt es: „Indessen gab es dabei diesen einen Unterschied: wenn er sich mit weltlichen Gedanken beschäftigte, hatte er zwar großen Gefallen daran; wenn er aber dann, müde geworden, davon abließ, fand er sich wie ausgetrocknet und missgestimmt. Wenn er jedoch daran dachte, barfuß nach Jerusalem zu gehen und nur noch wilde Kräuter zu essen und alle andern Kasteiungen auf sich zu nehmen, die, wie er las, die Heiligen auf sich genommen hatten, da erfüllte ihn nicht bloß Trost, solange er sich in solchen Gedanken erging, sondern er blieb zufrieden und froh, auch nachdem er von ihnen abgelassen hatte. Allerdings gab er darauf nicht acht, und er hielt nicht inne, um diesen Unterschied richtig einzuschätzen, bis ihm schließlich eines Tages die Augen darüber ein wenig aufgingen. So fing er endlich an, diese Verschiedenheit als merkwürdig zu empfinden und darüber nachzugrübeln. Aus seiner Erfahrung ergab sich ihm, dass er nach den einen Gedanken trübsinnig und nach den andern froh gestimmt blieb; und allmählich kam er dazu, darin die Verschiedenheit der Geister zu erkennen, die dabei tätig waren, nämlich einmal der Geist des Teufels und das andere Mal der Geist Gottes. Dies war die erste Überlegung, die er über die Dinge Gottes anstellte. Und als er später die Exerzitien verfasste, begann er von hier aus Klarheit über die Lehre von der Verschiedenheit der Geister zu gewinnen." (BP 8)

1522 pilgerte Ignatius zum Montserrat, einem damals beliebten Wallfahrtsort mit Benediktinerkloster. Dort legte er eine dreitägige Generalbeichte ab, wobei wohl eher an eine Übung zur Beichtvorbereitung mit anschließender Beichte zu denken ist. Ignatius begegnete im Kloster einer Sammlung geistlicher Übungen, dem „Compendium breve de ejercicios espirituales", das von einem unbekannten Autor aus den umfangreichen Werken „Exercitatorio" und „Directorio" des Fray García Jiménez de Cisneros (1455–1510), der siebzehn Jahre dem Kloster vorstand, zusammengestellt worden war. Es gibt gute Gründe anzunehmen, dass Ignatius dieses „Compendium" kannte und wahrscheinlich auch ein Exemplar bei sich hatte, als er von Montserrat nach Manresa ging, um einige Tage im Spital zu bleiben, „... und auch einige Dinge in seinem Buch anzumerken, das er sehr behütet bei sich trug und mit dem er sehr getröstet ging" (BP 18). Neuere Untersuchungen ergaben eine enge Beziehung zwischen dem „Compendium" vom Montserrat und den von Ignatius verfassten Exerzitien.

Im Gewand eines Bettlers hielt sich Ignatius elf Monate in Manresa auf, eine Zeit, die er später als seine „Urkirche" bezeichnete. Währenddessen reifte in ihm der Entschluss, den Seelen zu helfen: „Außer den sieben Stunden Gebet gab er sich damit ab, einigen Seelen, die ihn aufsuchten, in Fragen des geistlichen Lebens Hilfe zu leisten." (BP 26) Schon sehr früh, bereits ein Jahr nach seiner Bekehrung, beginnt er mit der Seelenführung. Nach seiner Pilgerfahrt ins Heilige Land im Jahre 1523 entschließt sich Ignatius, zu studieren und Priester zu werden: „Um den Seelen besser helfen zu können." (BP 50) Die gleiche Ausrichtung bestimmte den Kreis der ersten Gefährten, die Ignatius um sich geschart hatte. Die Seelen zum Lob Gottes und zum Dienst für Gott zu führen und ihnen für diesen Weg Hilfen anzubieten, wurde zum zentralen Anliegen seiner Spiritualität, sodass zum Dienst an Gott für ihn untrennbar die Hilfe für die Seelen gehörte.

1537 wurde Ignatius mit sechs seiner Gefährten zum Priester geweiht. 1538 stellten sie sich dem Papst zur Verfügung, um von ihm Auftrag und Sendung zu erhalten. Gleichzeitig beschlossen sie, als Gruppe in der Form eines neuen Ordens, der „Societas Jesu", der „Gesellschaft Jesu", zusammenzubleiben. Zwei Jahre später wurde der neue Orden bestätigt und Ignatius der erste Generalobere. Ab diesem Zeitpunkt fallen die Geschichte des Ordens und die Biographie des Ignatius zusammen. Vor allem war ihm die religiöse Bildung ein Anliegen. Zahlreiche Kollegien wurden von Jesuiten gegründet und geleitet. Ignatius selbst gründete das Collegio Romano, Vorläufer der späteren päpstlichen Universität Gregoriana. Die im Zuge der Reformen des Konzils von Trient gegründeten Priesterseminare wurden oft von Jesuiten geleitet oder hatten einen Jesuiten als geistlichen Leiter, als Spiritual. Letzteres war bis in das 20. Jahrhundert hinein in vielen Seminaren gängige Praxis. Diese Ausrichtung des Ignatius und der Jesuiten, zusammen mit dem kirchlichen und politischen Einfluss des neuen

Ordens, vor allem in den Bereichen der Katechese und der Ausbildung, führte dazu, dass bis heute im Rahmen geistlicher Begleitung und Exerzitien das ignatianische Konzept dominiert. Bis zu seinem Tod im Jahr 1556 organisierte, leitete und inspirierte Ignatius, trotz angeschlagener Gesundheit, mit Hilfe einiger Vertrauter in Rom den Orden.

Inhalt und Struktur der Geistlichen Übungen

Die 1548 erschienenen „Geistlichen Übungen"[37] des Ignatius von Loyola waren aus seinen Reflexionen über sein eigenes Schicksal in drei Lebensphasen entstanden: zunächst während seiner Zeit in Manresa 1522/23 kurz nach seiner Verwundung und Bekehrung, dann während seiner Pariser Studienjahre 1528–35, eine letzte Überarbeitung der Schrift erfolgte 1539/41 in Rom. In ihrer vollen Länge sind die „Geistlichen Übungen" eine Zeit des intensiven betrachtenden Vertrautwerdens mit dem Wort Gottes und der Person Jesu Christi. Gleichzeitig sollen sie der Suche nach einer entsprechenden Lebensentscheidung dienen. Für Ignatius ist die Dauer der Exerzitien eine Periode von etwa dreißig Tagen, die in vier Abschnitte aufgeteilt und „Wochen" genannt werden, ohne dass jede Woche strikt sieben Tage zu dauern hat. Die Wochen können je nach dem

---

[37] Ignatius von Loyola, Geistliche Übungen, nach dem spanischen Urtext übersetzt von Peter Knauer, Würzburg 1998. Weitere Übersetzung: Ignatius von Loyola, Die Exerzitien, aus dem Spanischen übertragen von Hans Urs von Balthasar, Christliche Meister Bd. 45, Einsiedeln 15. Aufl. 2016.

Prozess dessen, der die Exerzitien macht, kürzer oder länger angepasst werden. Die Einteilung in vier Wochen mit entsprechenden thematischen Schwerpunkten dient als strukturelle Orientierung.

20 praktische Anweisungen für den Begleiter oder die Begleiterin der „Geistlichen Übungen" bilden den Auftakt (GÜ 1–20). Darin unterstreicht Ignatius, dass für ihn geistliche Übungen durchaus vergleichbar sind mit körperlich-sportlichen Übungen, denn beide brauchen sowohl Regelmäßigkeit als auch Stetigkeit. Geistliche Übungen beziehen sich auf die Ordnung des (inneren) Lebens, um den göttlichen Willen zum Heil der Seele suchen und finden zu können. Dabei geht es Ignatius um einen Prozess, der den ganzen Menschen erfasst und gerade auch seine Sinne miteinbezieht: „Denn nicht das viele Wissen sättigt und befriedigt die Seele, sondern das Innerlich-die-Dinge-Verspüren-und-Schmecken." (GÜ 2)

Die erste Woche der Exerzitien beinhaltet einen Blick in die eigene Vergangenheit, dient der Gewissenserforschung und der Meditation der eigenen Erlösungsbedürftigkeit (GÜ 21–90). Sie schafft die Vorbedingung für die kommenden Tage, für eine Besinnung auf sich selbst und die eigene Geschichte, auf Grund- und Krisenerfahrungen, allerdings stark unter dem Aspekt der Frage nach den Sünden. Die zweite bis vierte Woche sind der Meditation des Lebens Jesu gewidmet. Das Kernstück ist die zweite Woche, in der das Leben Jesu von der Verkündigung der Geburt über sein öffentliches Wirken bis zum Palmsonntag betrachtet wird (GÜ 91–189). In dieser Woche erwartet Ignatius die entscheidenden inneren Vorgänge. In ihr soll in einer Neuausrichtung auf Christus die sogenannte „Wahl" stattfinden, indem wesentliche Fragen gestellt werden: Was muss ich tun? Wie kann ich, durch die Betrachtung der Geheimnisse des Lebens Jesu, Christus nachfolgen? In welchem Lebensstand, in welcher Form und Lebensgestaltung kann ich dies verwirklichen? Die dritte Woche enthält Betrachtungen über das Leiden und Sterben Jesu, bei denen sich die getroffene Entscheidung zu bewähren hat (GÜ 190–217). In der vierten Woche meditiert der, der die Exerzitien macht, Jesu Auferstehung und Himmelfahrt (GÜ 218–229). Mit dem inhaltlichen Fokus auf die Begegnung mit dem Auferstandenen wird der Blick auf die Zukunft gelenkt, auf den Abschluss der Exerzitien und den Übergang ins alltägliche Leben.

Bei diesen Betrachtungen geht es immer um die Reflexion der eigenen Situation im Licht der zu meditierenden Texte. Die von Ignatius dabei vorgestellte Form der Meditation wird auch als Imagination bezeichnet, denn Ignatius empfiehlt, sich mit Hilfe seiner Phantasie in die biblische Szene hineinzuversetzen und mit den „inneren Sinnen" zu hören, zu sehen, zu riechen, zu schmecken und zu tasten, was sich an sinnlichen Eindrücken bietet (z. B. GÜ 122–125). Zum Beispiel empfiehlt Ignatius für die Betrachtung der Geburt Jesu: „... ich mache mich dabei zu einem kleinen Armen und einem unwürdigen Knechtlein, indem ich sie anschaue, sie betrachte und ihnen in ihren Nöten diene, wie wenn ich mich gegenwärtig fände" (GÜ 114). Die Betrachtungen haben eine klare Struktur und werden in bestimmter Weise wiederholt.

Die „Betrachtung, um Liebe zu erlangen" (GÜ 230–237) dient dem Übergang von den Exerzitien zurück in den Alltag. Sie ist grundlegend für das Verständnis der ignatianischen Maxime „Gott unseren Herrn in allen Dingen finden". Das Leben in und aus der Gemeinschaft mit Gott gibt allem Tun und allen Dingen einen geistlichen Bezug und Sinn. Daran schließen sich Hinweise für verschiedene Weisen des Betens an (GÜ 238–260).

In dem Anhang „Die Geheimnisse des Lebens Christi unseres Herrn" werden zu den Texten aus dem Neuen Testament gewöhnlich jeweils drei Punkte benannt, auf die in der Betrachtung das Augenmerk gerichtet werden soll (GÜ 261–312). Dies dient dem, der die Exerzitien begleitet, zur Orientierung, denn er soll sich in seinen Erläuterungen kurz fassen. Für Ignatius geschieht das eigentlich Wichtige in der Betrachtung des Textes durch den, der die Exerzitien macht. Daher ist es wichtig, dass der Exerzitienbegleiter nicht zu viel vorwegnimmt (vgl. GÜ 2).

Die „Geistlichen Übungen" ergänzt Ignatius durch eine Reihe von Regeln für verschiedene Situationen. Den bedeutsamsten und wohl auch ältesten Teil des Exerzitienbuches bilden die Regeln zur Unterscheidung der Geister (GÜ 313–336), die Ignatius der ersten und der zweiten Woche der Exerzitien zuordnet. Weitere Zusätze sind: Regeln für die Almosenverteilung (GÜ 337–344); Bemerkungen über den Umgang mit Skrupeln (GÜ 345–351); Regeln für das wahre Gespür, das wir in der streitenden Kirche haben müssen (GÜ 352–370); Regeln, sich beim Essen zu ordnen (GÜ 210–217).

Konzeption und Intention der Geistlichen Übungen

Die „Geistlichen Übungen" des Ignatius sind als Hilfe für die Seelen konzipiert, sie sind eine strukturierte Intensivzeit geistlicher Übung. Ursprünglich waren es Einzelexerzitien, was heute wieder zunehmend entdeckt wird. Im Sinne des Ignatius waren sie ursprünglich darauf angelegt, dass sie ein- bis zweimal im Leben des Einzelnen gemacht werden sollten. Im Grunde genommen wollen sie die Entscheidung für Christus vertiefen oder eine Bekehrung hervorrufen. Prinzipiell hat Ignatius zunächst nur an den Einzelnen gedacht, nicht an Gruppenexerzitien.

Aufschlussreich für die Konzeption des Ignatius sind vor allem die „Annotaciones", die 20 praktischen Anweisungen, die Ignatius den Exerzitien voranstellt. In der Einleitung schreibt Ignatius: „Anmerkungen, um einige Einsicht in die geistlichen Übungen, welche folgen, zu nehmen und damit sowohl der, welcher sie geben, wie der, welcher sie empfangen soll, Hilfe erlangen." (GÜ 1) Zwei Begriffe fallen in dieser Einleitung auf, die sich konsequent durch das Buch ziehen: Es ist einerseits nirgendwo vom „Exerzitienleiter" oder gar vom „Exerzitienmeister" die Rede, auch nicht vom „geistlichen Begleiter" oder „geistlichen Führer", und andererseits nicht vom „Schüler" oder „Ratsuchenden", sondern es heißt immer ganz neutral „der, welcher die Exerzitien gibt" und „der, welcher die Exerzitien (auf-)nimmt". Dieser Sprachgebrauch macht deutlich, dass der Exerzitienmeister nicht der ist, der die Exerzitien gibt, sondern Gott selbst, der in der Gestalt Jesu Christi die Exerzitien inhaltlich prägt und durch seinen Geist führt.

Die Exerzitien sind eine Begegnung zwischen dem, der sie gibt, und dem, der sie empfängt, wobei dies keine hierarchische Struktur beschreiben will, wie sie etwa im Begriff des „Meisters" und „Schülers" gegeben wäre, sondern eine Begegnung, in der im Geben und Annehmen Aufeinander-Bezogensein und Aufeinander-Hinhören zentral werden. Auch die Person, die gibt, das machen die Anweisungen deutlich, muss auf die hören, die sie empfängt, damit sie ihr die Exerzitien in der Form und mit den Inhalten gibt, die der Person, die sie empfängt, angemessen und für sie rezipierbar und „verdaubar" sind. Diese Begegnung steht immer im Raum der Gottesbeziehung, ist also nicht nur dialogisch, sondern trialogisch.

Eine Definition der geistlichen Übungen liefert die erste Anmerkung: „Unter diesem Namen ‚geistliche Übungen' ist jede Weise, das Gewissen zu erforschen, sich zu besinnen, zu betrachten, mündlich und geistig zu beten, und anderer geistlicher Betätigungen zu verstehen, wie weiter unten gesagt werden wird. Denn so wie das Umhergehen, Wandern und Laufen leibliche Übungen sind, genauso nennt man ‚geistliche Übungen' jede Weise, die Seele darauf vorzubereiten und einzustellen, um alle ungeordneten Anhänglichkeiten von sich zu entfernen und nach ihrer Entfernung den göttlichen Willen in der Einstellung des eigenen Lebens zum Heil der Seele zu suchen und zu finden." (GÜ 1) Damit wird der Trainingscharakter des Weges unterstrichen, der auch durch die gewählten Vergleiche deutlich wird. Eine Übung verlangt Ausdauer und Anstrengung. Neben der Gewissenserforschung und verschiedenen Arten des Betens geht es in erster Linie um die Disposition der Seele: alle ungeordneten Anhänglichkeiten beziehungsweise Affekte (*affecciones*) zu entfernen, um daraufhin den Willen Gottes zu suchen und in der Einstellung (*disposición*) zu finden – in der Ausrichtung des Lebens auf Gott hin zum Heil der Seele.

Sehr strukturiert und logisch beschreibt dies Ignatius im Abschnitt „Prinzip und Fundament": „Der Mensch ist geschaffen, um Gott unseren Herrn zu loben, ihm Ehrfurcht zu erweisen und ihm zu dienen und mittels dessen seine Seele zu retten; und die übrigen Dinge auf dem Angesicht der Erde sind für den Menschen geschaffen und damit sie ihm bei der Verfolgung des Ziels helfen, zu dem er geschaffen ist. Daraus folgt, daß der Mensch sie soweit gebrauchen soll, als sie ihm für sein Ziel helfen, und sich so weit von ihnen lösen soll, als sie ihn dafür hindern. Deshalb ist es nötig, daß wir uns gegenüber allen geschaffenen Dingen in allem, was der Freiheit unserer freien Entscheidungsmacht gestattet und ihr nicht verboten ist, indifferent machen. Wir sollen also nicht unsererseits mehr wollen: Gesundheit als Krankheit, Reichtum als Armut, Ehre als Ehrlosigkeit, langes Leben als kurzes; und genauso folglich in allem sonst, indem wir allein wünschen und wählen, was uns mehr zu dem Ziel hinführt, zu dem wir geschaffen sind." (GÜ 23)

Das Grundanliegen der ignatianischen Exerzitien liegt in der Bekehrung und Verwirklichung der je eigenen Berufung. Das Ziel ist ein tiefgreifender Veränderungsprozess, der den Menschen befähigt, eine entschiedene Entscheidung für Gott zu treffen. Dem göttlichen Willen soll der, der die Exerzitien nimmt, durch die ganzheitliche Betrachtung der Geschichte Jesu nach biblischem Vorbild auf die Spur kommen. Ganzheitlich meint, mit allen (inneren) Sinnen sich in die jeweiligen Szenen der Schrift zu versetzen und dabei wahrzunehmen, welche inneren Bewegungen ausgelöst werden. Diese inneren Bewegungen sind daraufhin Gegenstand des Gesprächs mit dem, der die Exerzitien gibt, und Gegenstand der Unterscheidung der Geister mit der Frage, welche Bewegung mehr zum Ziel führt und welche weniger oder gar nicht zielführend ist. Diesen ignatianischen Unterscheidungsprozess hat Franz Meures kompakt beschrieben: „Unterscheidung der Geister ist ein Klärungsprozeß, in dem ein Mensch aus einer persönlichen Vertrautheit mit Christus heraus die von ihm erlebten inneren und äußeren Bewegungen und Antriebe daraufhin überprüft, ob sie mehr zu Gott führen oder eher von ihm weg, um so zu Entscheidungen fähig zu werden, welchen Weg er vor Gott gehen soll."[38]

Die Exerzitien dienen der Einübung in die Vertrautheit mit dem Wort Gottes, um im Alltag immer selbstverständlicher aus dieser Verbindung mit Gott beziehungsweise Christus zu leben. Je mehr jemand mit Gottes Wort vertraut ist, desto mehr wird sein Gebet einfach werden und in schlichte „liebende Aufmerksamkeit" münden. „Die Bedeutung der Exerzitien liegt im lebendigen Vollzug dieser Übungen. Nur wer die geistlichen Übungen macht, weiß, was Exerzitien sind"[39] – was sie sind und wie sie wirken, ergibt sich erst im Praktizieren. Ignatius schlägt den von ihm skizzierten Weg als einen Weg vor, den man nachgehen kann, der aber der je eigene Weg des Einzelnen bleibt. Es geht darum, dem Menschen, dem Betrachtenden zu ermöglichen, selbst Erkenntnis zu gewinnen: sei es durch sein eigenes verstandesmäßiges Eindringen, durch seine Reflexion oder durch das Geschenk Gottes, durch den Heiligen Geist. Zugleich sollen diese Übungen helfen, zu lernen und einzuüben, wie man gut „wählt", also zu Entscheidungen kommt, zu denen man auch stehen kann. Ignatius denkt dabei

---

38 Franz Meures, Was heißt Unterscheidung der Geister?, in: Ordenskorrespondenz 31 (1990), S. 278.
39 Adolf Haas in: Ignatius von Loyola, Geistliche Übungen, aus dem spanischen Urtext übertragen von Adolf Haas, Freiburg 1999, S. 11.

zuallererst an die Wahl des Lebensstandes. Seine Anleitungen sind jedoch auch auf alle Entscheidungen anwendbar.

Die „Geistlichen Übungen" wurden nicht für Menschen geschrieben, die Exerzitien machen wollen, sondern für diejenigen, die Exerzitien anbieten beziehungsweise begleiten möchten. Das zeigt sich in den ersten 20 Anweisungen und der Struktur des Buches. Als Begleitbuch für eigene Exerzitien sind höchstens einige Teile sinnvoll, deren Auswahl jedoch dem Exerzitienbegleiter überlassen werden sollte. Deshalb sind die „Geistlichen Übungen" allen zu empfehlen, die Exerzitien geben wollen, unabhängig von ihrer geistlichen Tradition, in der sie beheimatet sind, da Ignatius sehr prägnant und geordnet wichtige Prozesse der Exerzitien beschreibt und gerade in den Anweisungen grundlegende Hinweise gibt.

Die ignatianischen „Geistlichen Übungen" sind eine Form von Exerzitien, die aus der Tradition der Kirche heraus entstanden sind und daher selbst von älteren Traditionen beeinflusst wurden. Zugleich ist Ignatius ein Vertreter der beginnenden Neuzeit. Ein Charakteristikum dieser Zeit ist der Fokus auf den Einzelnen, auf die individuelle Frömmigkeit und Beziehung zu Gott. Zur gleichen Zeit entstand ein Neuinteresse an der Schrift, die entscheidend für die Konzeption der Exerzitien wurde, indem Ignatius den Prozess der Exerzitien an den biblischen Erzählungen zum Leben Jesu festmachte. Diese Fokussierung auf die Schrift und den Einzelnen bahnte sich in der Entwicklung von Exerzitien über mehrere Jahrhunderte an und erreichte einen Höhepunkt in den ignatianischen „Geistlichen Übungen". Ihre Wirkungsgeschichte prägt bis heute das Grundverständnis von Exerzitien.

Ein Ausblick

Die Exerzitien nach Ignatius von Loyola wurden aus kirchenhistorischen und -politischen Gründen Maßstab für die kommenden Jahrhunderte. Besonders in franziskanischen oder karmelitischen Ordensgemeinschaften gab es Anläufe, Exerzitien in einem anderen Stil auszuprägen. Der Wirkungsbereich blieb dabei meist auf die eigene Ordensgemeinschaft beschränkt. Dies änderte sich mit dem II. Vatikanum und besonders durch das Dekret „Perfecte caritatis" über das Ordensleben, das eine Rückbesinnung der Ordensgemeinschaften auf ihre eigenen Quellen forderte. Diese Weisung führte zu vertieftem Studium der eigenen Spiritualität und Geschichte und zu einer Vielzahl von Veröffentlichungen. Die Wiederentdeckung und Weiterentwicklung von anderen Exerzitienformen war auch eine Frucht dieser Entwicklung. Das gegenwärtige Angebot reicht von Einzelexerzitien über Gruppenexerzitien, Besinnungstage, Einkehrtage bis hin zu Exerzitien im Alltag in unterschiedlichsten Varianten. Auch Elemente, wie zum Beispiel Körperübungen und Atmung, erhalten heute innerhalb der Exerzitien eine neue Gewichtung.

Exerzitienarbeit heute – Vorbereitung

Welche Form von Exerzitien für den Einzelnen ansprechend ist, wird von allen Beteiligten unterschiedlich wahrgenommen. Die Teilnehmenden lassen sich auf den Prozess der Exerzitien verschiedenartig ein. Und auch die Person, die das Exerzitienangebot formuliert, wird sich in bestimmten Formen mehr wiederfinden als in anderen. Unabhängig von der Form und Dauer, die man als Begleiterin oder Begleiter von Exerzitien für sein jeweiliges Angebot wählt, sollten allgemein drei Aspekte für Exerzitien maßgebend sein:

1. Raum schaffen! Das heißt, einen angemessenen äußeren Raum bieten und Hilfestellung geben, einen inneren Raum zu eröffnen.
2. Sich selbst wahrnehmen! Das heißt, intensiv mit den eigenen Stimmungen, Ansprüchen und Hoffnungen hinsichtlich der Exerzitien in Kontakt sein und den Teilnehmenden Hilfestellung anbieten, um mit dem eigenen inneren Erleben in Kontakt zu kommen.
3. Dem Prozess vertrauen! Das heißt, die eigene Ungeduld oder Impulse, unbedacht in das Geschehen einzugreifen, bremsen und vertrauensvoll auf das Erfahrungswissen setzen, dass in der Stille und in der Langsamkeit Entwicklungsprozesse in Gang kommen, die es zu begleiten gilt.

Exerzitien sind besondere Zeiten: Es sind Auszeiten und Unterbrechungen im Alltag, in denen der Mensch versuchen kann, innezuhalten und aufmerksam zu werden, in denen der Glaube gepflegt oder ihm wieder Ausdruck gegeben werden kann, wo der Mensch die Möglichkeit hat, dem Vertrauen auf Gottes Wirken Raum zu geben. Die Absicht der Exerzitienbegleiterin oder des Exerzitienbegleiters ist nicht mehr und nicht weniger, als hierfür einen Raum zu schaffen und mit Aufmerksamkeit und Achtung die inneren und äußeren Bewegungen der Menschen zu begleiten. Um dabei eine eigene Praxis zu entwickeln, ist Erfahrung eine wichtige Voraussetzung. Nicht nur, dass die Exerzitienbegleiterin oder der -begleiter mit dem eigenen Erleben, in solchen Auszeiten in Stille und Aufmerksamkeit nach innen gerichtet zu sein, vertraut sein sollte. Darüber hinaus ist vor jedem Angebot ein Selbstklärungs- und Zielklärungsprozess als Eigenarbeit unerlässlich. Für die Realisierung von Exerzitien ist es wesentlich, die jeweilige Form und die speziellen Angebote situationsbezogen zu erarbeiten. Das „Kunststück" in dieser Phase des Erarbeitens besteht darin, das eigene Angebot auf die vermuteten oder im Vorfeld erfragten Erwartungen der Teilnehmenden zu beziehen, ohne dabei aus den Augen zu verlieren, dass es Offenheit und Freiräume braucht, um der Entwicklung des Prozesses und der Entwicklung einer eigenen Dynamik bei allen Teilnehmenden eine Chance zu geben.

Welche Voraussetzungen auf Seiten der Begleitung und der Teilnehmenden vorhanden sein sollten und welche Leitfragen sich hieraus für die Entwicklung von Exerzitienangeboten ergeben, sind wichtige Aspekte, die in einer Vorbereitungsphase zu bedenken sind und im Folgenden eingehend behandelt werden sollen. Im Zusammenspiel von reflektiertem Nachdenken, eigener Erfahrung und Überlegungen hinsichtlich der äußeren Bedingungen nimmt das Angebot Gestalt an. Dabei entstehen

Fragen zur Themenwahl für die Exerzitien und zur Struktur des Angebots. Mit welchen Erwartungen und Hindernissen in der Vorbereitungsphase und der Durchführung von Exerzitien zu rechnen ist, soll eingehend beleuchtet werden. Dem Gesprächsangebot, in der Regel ein grundlegendes Element von Exerzitien, widmet sich der letzte Abschnitt.

Voraussetzungen und Leitfragen

Bei allen verschiedenen Exerzitienformen sind die Ansprüche an die Begleiterin oder den Begleiter ähnlich. Es ist ein Geschehen, das der ernsthaften Vorbereitung und der gewissenhaften Durchführung bedarf. Auf Seiten der Begleitung ist mehr Erfahrung als Wissen notwendig, mehr pädagogischer Sinn als wissenschaftliches Arbeiten, mehr Einfühlungsvermögen als Rednergabe. Insbesondere die Fähigkeit sollte ausgeprägt sein, in der Begleitung des Anderen sich selbst zurückzunehmen. Im Respektieren des individuellen Weges gilt es, der Person dort zu begegnen, wo sie gerade steht, und ihr in der Begegnung einen Resonanzraum zu bieten, in dem sie sich selbst hört. In der Begleitung dieses Weges sollte immer vom Potential, den Ressourcen und den positiven Möglichkeiten eines Menschen ausgegangen werden. Diese Haltung der Begleiterin oder des Begleiters zeigt sich am deutlichsten und spürbarsten in den Einzelgesprächen. Weil diese kurzen, aber oft bedeutsamen Gesprächssequenzen so wichtig und entscheidend sind, empfiehlt sich eine qualifizierende Gesprächsführungsausbildung für Personen, die professionell Exerzitienangebote machen wollen.

Auch auf Seiten der Nehmerin oder des Nehmers der Exerzitien gibt es Voraussetzungen, die eine wesentliche Rolle spielen. Es schwingen bewusst oder unbewusst, reflektiert oder weniger greifbar Erfahrungen und Erwartungen mit, die den Prozess der Exerzitien beeinflussen. Es ist eine gewisse Offenheit notwendig sowie die Fähigkeit, über die eigenen Erfahrungen zu reflektieren, um einem Exerzitienangebot, welcher Gestalt auch immer, etwas für sich abzugewinnen. Voraussetzung ist die Bereitschaft, sich auf sich selbst und das eigene Erleben einzulassen und diesem eine (Be-)Deutung zu geben: einen Weg zu gehen, dessen Ziel die betreffende Person noch nicht vor Augen hat, den sie aber gehen will, im Vertrauen darauf, dass Gott sich als der „Ich bin da" erweist. So ist für beide Seiten, Nehmende und Gebende, besonders die Geduld und das Vertrauen darauf wichtig, dass der Geist Gottes walten wird. Denn nicht die Begleiterin oder der Begleiter, aber auch nicht die Nehmerin oder der Nehmer von Exerzitien ruft die Begegnung mit Gott hervor. Der eigentliche Begleiter in dieser trialogischen Beziehung ist und bleibt der Heilige Geist.

Bevor die Begleiterin oder der Begleiter von Exerzitien ein Angebot formuliert, ist ein Prozess der Selbstklärung und Zielklärung unverzichtbar. Einen eigenen Standpunkt erarbeitet zu haben und an dieser Stelle in die Tiefe gegangen zu sein, führt zu einer Haltung der Zentrierung und Verwurzelung, die sich in der Exerzitienarbeit widerspiegelt. Dabei stellt sich wesentlich die Frage nach dem Menschen- und Gottesbild der Begleiterin oder des Begleiters, nach dem eigenen Glauben daran, wie Gott den Menschen anspricht, ihm begegnen will und welche Wege der Mensch gehen kann, um Gott zu antworten und ihm entgegenzugehen. Hierzu gehört, dass die eigene Form der

Frömmigkeit reflektiert und erprobt ist. So lässt sich im Nachdenken, Reflektieren und eigenen Meditieren das entwickeln, was man das „Angebot" der Begleiterin oder des Begleiters nennen kann: das, was sie oder er vertrauensvoll in die konkrete Ausformung der Exerzitien einbringt und einfließen lässt.

Innerhalb dieser Überlegungen ist ebenfalls zu bedenken, was an praktischen Elementen, an erlebbaren Formen oder liturgischen Angeboten zu dem gehört, was die Begleiterin oder der Begleiter „den eigenen Standpunkt" und das eigene Angebot nennen kann. Es sollte selbst erprobt und reflektiert und mit einer gewissen Erfahrung unterfüttert sein. In dieser Zeit der Vorbereitung kann sich die Begleiterin oder der Begleiter immer wieder fragen: Was habe ich anzubieten? Was ist meine tiefe Überzeugung? Was bringe ich mit? Was will ich als Begleiterin oder Begleiter, wenn ich Exerzitien anbiete? Woran beziehungsweise an welcher Tradition mache ich mein Exerzitienangebot fest, worauf gründet sich das? Wie ist meine eigene Einstellung zum Wirken des Heiligen Geistes? Danach erst können die folgenden Fragen in den Blick genommen werden: Welches Ziel habe ich für die Exerzitien vor Augen? Was wünsche ich mir? Was sollen die Menschen mit diesem Angebot anfangen können?

In einer Vorbereitungsphase derart in die Tiefe zu gehen, gewährt in den Tagen der Exerzitien selbst Ruhe und Gelassenheit in der Klarheit darüber, worauf sich das Angebot der Begleitung gründet und was das Ziel sein soll. Ob das eigene Ziel erreicht wird oder nicht, liegt letztlich nicht in den Händen der Begleiterin oder des Begleiters – es liegt im Exerzitiennehmenden und im Wirken des Geistes. Dies entbindet jedoch nicht davon, als Begleitung ein reflektiertes Angebot und ein realistisches Ziel zu erarbeiten, mit dem sich der freie und offene Prozess der Exerzitien entwickeln kann. Nur in dieser vorbereiteten Klarheit und Eindeutigkeit wird auch Klarheit und Eindeutigkeit in den einzelnen Elementen und im Gesamt des Exerzitienangebotes liegen.

An dieser Stelle erscheint es wichtig, darauf hinzuweisen, dass hier nicht einem direktiven Vorgehen das Wort geredet werden soll. Im Gegenteil: Die Beschäftigung mit dem, was das Angebot und was das Ziel der Exerzitienanbieter sein soll, ermöglicht erst die Freiheit und den Freiraum, in der sich Prozesse entwickeln können. Denn nur so kann die Begleiterin oder der Begleiter immer wieder klar unterscheiden zwischen dem, was selbst gewollt wird, und dem, was sich im Nehmenden ereignet, was diese Person will, sucht und was sie als Ziel vor Augen hat – und was davon in der konkreten Exerzitiensituation zusammengehen kann und was nicht.

Für das Begleiten von Menschen sollte vor allem die Fähigkeit und das Zutrauen vorhanden sein, mit Einzelnen und Gruppen mitgehen und arbeiten zu können. Eine Grundlage hierfür ist, sich mit der Methodik und Didaktik der Erwachsenenbildung sowie mit Gruppenleitung auseinandergesetzt zu haben. Vor diesem Hintergrund sollte dann schrittweise konkreter überlegt werden: Was kann ich anbieten und welche Methoden ergeben sich daraus? Welche äußeren Bedingungen stehen mir zur Verfügung?

Im Vorfeld eines Exerzitienangebots sollten die äußeren Rahmenbedingungen ausführlich besprochen sein. Dabei ist es ein Unterschied, ob die Person mit ihrem entwickelten Angebot an eine Institution, zum Beispiel ein Bildungshaus, herantritt oder ob es sich umgekehrt um eine Anfrage einer Institution mit konkreten Vorgaben handelt. In beiden Fällen bedeutet es für die Begleiterin oder den Begleiter von Exerzitien, seine Form zu finden und mit der Institution die erforderlichen äußeren Gegebenheiten zu regeln. Die zu erwartenden Teilnehmerinnen und Teilnehmer, der Ort, die Räumlichkeiten, die Ausstattung und die Dauer und Zeitstruktur, auch die Jahreszeit, sind zu erörtern und im Kontext der eigenen Ideen eines Exerzitienangebots zu verhandeln. Hierfür ist nicht selten Kreativität gefragt. Und grundsätzlich ist es notwendig, die entscheidenden Aspekte im Blick zu behalten, die sich unter allen Rahmenbedingungen entfalten sollen: Raum schaffen, sich selbst wahrnehmen und dem Prozess vertrauen.

Im Zusammenspiel des Nachdenkens, der eigenen Erfahrung und der Überlegungen hinsichtlich der äußeren Bedingungen kann das Angebot Gestalt annehmen. Der gesamte Klärungsprozess zwingt die Begleiterin oder den Begleiter dazu, konkret und einfach zu werden und damit konzentriert zu sein. Er führt dazu, in die Tiefe zu gehen und einen eigenen Standpunkt zu erarbeiten, der verwurzelt ist. Nur von einem so gewachsenen Standpunkt aus sollte das Exerzitienangebot geplant werden. Geleitet von den eigenen Grundinteressen besteht die Herausforderung darin, flexibel und kreativ das grundlegende Angebot in einer konkreten räumlichen und zeitlichen Situation für die Menschen zu eröffnen.

Thematik und Struktur

Ausgehend von den genannten Grundpositionen ist die Formulierung eines Themas für das Exerzitienangebot zweitrangig. Innerhalb der Exerzitien soll ein Prozess angeregt werden, der die fortwährende Umformung eines Menschen, der auf den Ruf Gottes antwortet, fördert. Wenn sich Menschen aus freiem Willen für ein Exerzitienangebot interessieren, kann davon ausgegangen werden, dass für diesen Prozess bereits eine innere Grundhaltung vorhanden ist. Die Teilnehmenden bringen in diesem Fall das, was wichtig ist, durch ihre Lebensgeschichte mit, und sie zeigen die Bereitschaft, sich mit ihrem Selbst und ihrer Beziehung zu Gott auseinanderzusetzen. Es braucht den Raum und die Möglichkeit, dass dies sich zeigen und entwickeln kann. Ein thematisches Angebot oder ein thematischer Impuls kann hierfür nützlich und förderlich sein, ist aber nicht zwingend notwendig.

Als Quelle für eine Themenwahl im Exerzitienangebot ist zuallererst die Bibel und darüber hinaus die spirituelle Tradition heranzuziehen. Exerzitien sind ein aktives Hören, wie es Maria vorlebte.[40] Sie dienen im weitesten Sinne der *conversio* (Bekehrung) sowie der Aktualisierung der Taufe. Das Exerzitienangebot grenzt sich hierdurch von Glaubenskursen, Katechese und Bibelkreisen ab. Ob dabei das gesamte Konzept unter ein Thema gestellt wird, ob innerhalb des Angebots einzelne thematische Impulse gegeben werden oder ob auf eine Thematik ganz verzichtet wird, hängt vorrangig vom erarbeiteten

---

40 „Maria aber bewahrte alle diese Worte und erwog sie in ihrem Herzen." (Lk 2,19)

eigenen Standpunkt und ferner von der gewählten Form und Struktur sowie den Rahmenbedingungen der Exerzitien ab.

Exerzitien eine klare Struktur zu geben, ist nicht nur für die Begleitung sehr hilfreich. Die äußere Struktur gibt auch den Teilnehmenden Halt und bietet gleichzeitig einen Raum für die Wahrnehmung innerer Prozesse. Unabhängig von Dauer, Form und Thematik findet sich bei allen Exerzitien die Struktur des Kommens, Bleibens und Gehens wieder. Das innere Stillwerden und Ankommen am Ort und bei sich selbst ist die zentrale Aufgabe am Beginn. Die Phase des Bleibens, der Einübung des „Daseins", ist die fruchtbarste Phase und der Mittelpunkt der Exerzitien. Indem der Alltag hinter sich gelassen und Raum für innere Bewegungen gegeben wird, stellt sich für die Teilnehmenden die Frage nach ihrer Verwurzelung und nach dem Weg, den sie in ihrem Leben gehen. Gegen Ende der Exerzitien sollte unter dem Stichwort „Gehen" ein Bezug zum kommenden Alltag beziehungsweise zur weiteren möglichen Entwicklung angestoßen und eröffnet werden.

Erwartungen und Hindernisse

Erwartungen sind immer vorhanden: bei den Begleiterinnen und Begleitern wie auch bei den Teilnehmerinnen und Teilnehmern von Exerzitien und zu guter Letzt auch bei den Auftraggebern. Diese können sich förderlich oder hinderlich auf den Exerzitienprozess oder auf den persönlichen Prozess innerhalb der Exerzitien auswirken. Um einen Umgang damit zu finden, sollten im Vorfeld typische „Fallen" in der Exerzitienarbeit vor Augen geführt werden. Die folgenden Sachverhalte gelten dabei immer für beide Seiten, für Geber und Nehmer der Exerzitien, gleichermaßen.[41]

Exerzitien machen: Die aktive Seite – Exerzitien machen – hat ihren Sinn. Aber noch wichtiger ist, dass Exerzitien sich entwickeln, dass sie geschehen dürfen. Es gilt, das Mögliche zu gestalten und der Führung Gottes zu vertrauen.

Ein Muster imitieren und repetieren: Auch wenn es allgemeine Muster, Abläufe und Prozessschritte gibt, gleichen keine Exerzitien den anderen. Von Überraschungen ist auszugehen und es muss Raum für Irritationen geben. Nur dann wird ein Prozess eröffnet und ein Weg gegangen.

Vorgefertigte Vorlagen: Vorgefertigte Konzepte und Vorlagen für Exerzitien, die besonders für Exerzitien im Alltag zahlreich vorhanden sind, können Inspiration und Anregung sein, doch können sie nicht einfach übernommen werden. Sie bedürfen der Anpassung an die Rahmenbedingungen und einer Modifizierung im Zuge der persönlichen Aneignung.

Weniger ist mehr: Eine Falle bei der Vorbereitung von geistlichen Angeboten ist oft ein Überangebot: zu viele Texte, zu viele Impulse, zu viele kreative Elemente. Dies führt dazu, dass die Zeit zur persönlichen Auseinandersetzung sehr knapp bemessen ist und die Teilnehmerinnen und Teilnehmer sehr leicht zu bloßen Konsumenten werden und folglich das spirituelle Angebot zur frommen Unterhaltung wird.

Methodengläubigkeit: In Exerzitien geht es nicht darum, sich in eine Methodik perfekt einzufinden, sondern es muss immer die Frage im Auge behalten werden, in welche Richtung der

---

[41] Vgl. Willi Lambert, Das siebenfache Ja. Exerzitien – ein Weg zum Leben, Ignatianische Impulse Bd. 1, Würzburg 2017, S. 105f.

Entwicklungsprozess verläuft und was die Frucht desselben ist. Die Besinnung auf das persönliche Wachstum steht im Vordergrund.

Sich unter Ergebnisdruck setzen: Exerzitien – besonders im Sinne von Ignatius von Loyola – sollen zu einer persönlichen Entscheidung verhelfen. Aber es ist zumeist kontraproduktiv, wenn davon ausgegangen wird, am Ende der Exerzitien müsse eine Entscheidung gefallen sein. Entscheidungen sind nicht zu erzwingen, sie müssen vielmehr reifen.

Urteilen und Bewerten: Wer Exerzitien begleitet, weiß, dass nicht nur auf Seiten der Begleiterin oder des Begleiters Wertungen aufkommen können. Teilnehmende urteilen nicht selten über sich, vor allem ein Sich-Abwerten tritt bisweilen auf. In diesem Fall sollte versucht werden, dem Teilnehmenden eine andere Sicht zur Verfügung zu stellen, über die Möglichkeiten und Qualitäten, die in ihm liegen.

Unmündige Abgabe der Verantwortung: In der geistliche Begleitung lauert die Gefahr, dass die Verantwortung für den eigenen Weg an den Anderen delegiert wird. Jeder ist, mit der Gnade Gottes, selbst für sein Leben verantwortlich. Der Andere kann Hilfe sein, nicht jedoch Ich-Ersatz. Für die Begleiterin oder den Begleiter bedeutet das umgekehrt, in keiner Weise jemanden zu etwas zu bewegen, auch wenn der Eindruck entsteht, dass dies das Richtige für den Anderen wäre. Die Aufgabe besteht darin, die Person, die die Exerzitien macht, zum Gespräch mit seinem Schöpfer und Herrn zu bewegen.

Projektionen und Übertragungen: In der geistlichen Begleitung geschieht es immer wieder, dass jemand alte Erfahrungen und Erlebnisse, wie zum Beispiel Autoritätsprobleme, auf sein Gegenüber projiziert. Auch die Person, die begleitet, muss bei starken inneren Bewegtheiten vorsichtig werden und stets bei sich selbst bleiben.

Theologisieren: Geistliche Begleitung ist kein interessantes theologisches Gespräch, sondern ein Gespräch über die Regungen der Seele. Von den Vätern und Müttern der Wüste wird erzählt, dass sie oftmals schwiegen, wenn jemand nicht von sich selbst sprach, sondern eine theologische Diskussion auf theoretischer Ebene begann. Das Schweigen zwingt den Ratsuchenden, auf die Ebene der Erfahrung überzuwechseln.

Geistliche Habgier: Genaue Vorstellungen darüber, wie Gott sich einem in den Exerzitien zu zeigen hat oder welche Erfahrungen gemacht werden müssen, führen zu Enttäuschung und Frustration, wenn sich diese Erfahrungen nicht einstellen. In diesem Fall genügt Gott nicht den Vorstellungen des Menschen. Der Weg, das zu erfahren, was Gott einem schenkt, wird hierdurch verbaut.

Geistliche Genusssucht: Die Erwartung, positive bestärkende Erfahrungen zu machen oder Trost zu erfahren, kann zu einer geistlichen Genusssucht führen – so nannte es der spanische Mystiker Johannes vom Kreuz. Dann steht nicht die Offenheit für jedwede Erfahrung im Vordergrund, die auch negativ sein kann, sondern wünschenswerte Erfahrungen sollen erzwungen werden.

Geistlicher Konkurrenzkampf: Wie weit bin ich im Vergleich zu den anderen? Bin ich bei der allerbesten Lehrerin? Bin ich auf dem Weg der besten Methode und Schule? Bin ich bei den Anfängern, den Fortgeschrittenen oder den Vollkommenen? Solche und ähnliche Fragen sind durchaus menschlich, aber sie gehören zu jener Art von „Mist", von dem der Mystiker Johannes Tauler im 14. Jahrhundert sagte: „Das Pferd macht den

Mist in dem Stall, und obgleich der Mist Unsauberkeit und üblen Geruch an sich hat, so zieht doch dasselbe Pferd denselben Mist mit großer Mühe auf das Feld; und daraus wächst der edle schöne Weizen und der edle süße Wein, der niemals so wüchse, wäre der Mist nicht da. Nun, dein Mist, das sind deine eigenen Mängel, die du nicht beseitigen, nicht überwinden noch ablegen kannst, die trage mit Mühe und Fleiß auf den Acker des liebreichen Willens Gottes in rechter Gelassenheit deiner selbst. Streue deinen Mist auf dieses edle Feld, daraus sprießt ohne allen Zweifel in demütiger Gelassenheit edle, wonnigliche Frucht auf."[42]

Gesprächsführung in Exerzitien

Das Gesprächsangebot ist in der Regel ein grundlegendes Element von Exerzitien. In Exerzitien, die über einen längeren Zeitraum verlaufen, kann es als regelmäßiges, wiederholendes und freiwilliges Einzelgespräch zwischen dem Teilnehmenden und der Begleiterin oder dem Begleiter geführt werden. Das Gespräch hilft, den persönlichen geistlichen Prozess zu unterstützen und zu vertiefen. Die geistliche Begleitung wird somit ein impliziter Bestandteil des Exerzitienangebots.

Besonders der personzentrierte Ansatz, den der US-amerikanische Psychologe Carl R. Rogers im Laufe des 20. Jahrhunderts entwickelte, kann für die Gesprächsführung innerhalb der geistlichen Begleitung hilfreiche Erkenntnisse liefern. Der

---

[42] Johannes Tauler, Predigt 6 („Mein Joch ist sanft und meine Bürde leicht." Mt 11,29f.), in: Johannes Tauler, Predigten Bd. 1, übertragen von Georg Hofmann, Einsiedeln 5. Aufl. 2011, S. 43f.

Ansatz von Rogers findet sich in vielen Bereichen der Seelsorge (Krankenhausseelsorge, Telefonseelsorge, seelsorgliche Gespräche etc.) wieder, manchmal ohne dass darauf explizit verwiesen wird. Die Wertschätzung und der Glaube an die positive Entwicklung der Persönlichkeit galten für Rogers als unverrückbare Voraussetzungen in der therapeutischen Arbeit. Rogers hatte bei seiner Arbeit die Erfahrung gemacht, dass Hilfesuchende immer dann ihren eigenen Weg finden, wenn er als Berater nicht urteilte oder Ratschläge gab, sondern versuchte, die Sichtweise seines Gegenübers genau zu verstehen. Nicht er, sondern seine Klienten galten als Experten – als Experten ihrer selbst.

Rogers entwickelte Bedingungen, die für ihn maßgeblich dafür verantwortlich sind, dass im Gespräch ein Prozess der Persönlichkeitsveränderung in Gang gesetzt wird. Dabei hängt der Erfolg der Gesprächsführung in erster Linie nicht von methodischem Wissen und Können ab, sondern davon, ob gewisse Einstellungen auf Seiten der Therapeutin oder des geistlichen Begleiters ausgeprägt sind. Diese Bedingungen und Einstellungen sollen im Folgenden kurz umrissen werden.[43]

Beziehung: Eine positive Persönlichkeitsveränderung kommt nur in einer Beziehung zustande. Das volle Sein der Person reift erst in der Begegnung, in der personalen Beziehung. Beide Seiten sind aktiv am Geschehen beteiligt. Einem Menschen

---

[43] Ausführlich dargelegt in: Regina Bäumer und Michael Plattig, „Aufmerksamkeit ist das natürliche Gebet der Seele". Geistliche Begleitung in der Zeit der Wüstenväter und der personzentrierte Ansatz von Carl R. Rogers – eine Seelenverwandtschaft?!, in: Dies., Umformung durch Aufmerksamkeit – Aufmerksamkeit durch Umformung. Gesammelte Beiträge zur Geistlichen Begleitung, Theologie der Spiritualität Quellen und Studien Bd. 6, St. Ottilien 2014, S. 63–406.

im Gespräch zu begegnen bedeutet, ihm den Raum zu geben, den er benötigt, um sich aus sich selbst zu entfalten. Es geht darum, die Gegenwart ernst zu nehmen, das gegenwärtige Erleben des Anderen anzuschauen, wie es sich im gegebenen Raum und im Augenblick ereignet. Im Hier und Jetzt ganz anwesend zu sein und dem Gesprächspartner als Person zu begegnen, das war Rogers Anliegen.

Kongruenz und Echtheit: Der Mensch kommt mit dem Selbstbild, das er von sich hat, und den aktuellen Erfahrungen, die er mit sich selbst macht, oftmals in Konflikt. Er fühlt sich uneins mit seinem eigenen Selbst. Durch diesen Zustand der inneren Spannung entsteht ein ungeordnetes oder unverständliches Verhalten. Die Folge dieser Inkongruenz ist auch eine Verschlossenheit nach außen, gegenüber der Erfahrung von Welt. Die Echtheit der geistlichen Begleiterin oder des Begleiters in der Beziehung meint, dass diese innerhalb der Grenzen dieser Beziehung eine kongruente, integrierte Person sein sollten, dass sie frei und tief sie selbst sind. Transparenz und Offenheit sind Voraussetzung dafür, dass sich zwei Menschen auf einer personalen Ebene begegnen können, in der sie sich beide als Personen gegenüberstehen. Die geistliche Begleiterin oder der Begleiter soll sich nicht hinter einer Maske der Professionalität verbergen, sondern eine direkte und personale Begegnung anbieten. Ziel ist eine aufrichtige Beziehung von Person zu Person zwischen zwei unvollkommenen Menschen. Dies ist nach Rogers die grundlegendste der Bedingungen hinsichtlich der Haltung, die Wachstum fördert.

Bedingungslose positive Zuwendung: Mit einer bedingungslosen positiven Zuwendung, Wertschätzung und Akzeptanz ist eine auf den Anderen gerichtete uneingeschränkte Aufmerksamkeit gemeint, die nicht permanentes Wohlwollen beziehungsweise „Gernhaben" meint. Es bedeutet das Anteilnehmen am Gesprächspartner als einer selbstständigen Person, die ihre eigenen Gefühle, ihre eigenen Erfahrungen haben darf. Akzeptieren heißt ein warmherziges Anerkennen dieses Individuums als Person von bedingungslosem Selbstwert – sie wird als wertvoll erachtet, was auch immer ihre Lage, ihr Verhalten oder ihre Gefühle sind. Der innere Persönlichkeitsprozess wird gefördert, wenn eine tiefe und aufrichtige Anteilnahme für das Gegenüber als einer Person mit vielen konstruktiven Möglichkeiten empfunden und zum Ausdruck gebracht wird. Wenn diese Anteilnahme nicht durch Beurteilungen oder Bewertungen von Gedanken, Gefühlen oder Verhaltensweisen überschattet wird, kann eine bedingungslose positive Zuwendung entstehen. Wichtig ist, dass das einfühlende Verstehen nicht nur ein begleitendes, mitfühlendes Anschauen meint, sondern immer auch ein schrittweises Durchschauen auf einen Sinn hin.

Empathie: Die Welt des Gesprächspartners so zu spüren, als ob es die eigene wäre, ohne jemals die Qualität des Als-ob zu verlieren, dies ist eine wesentliche Bedingung für eine gelungene Gesprächsführung. Ein unmittelbares Gespür im Hier und Jetzt für die innere Welt des Gegenübers mit ihren ganz privaten personalen Bedeutungen sollte im Gespräch entwickelt werden. Es handelt sich um die Fähigkeit eines genauen empathischen Verstehens vom Bewusstsein des Anderen. Die Erfahrungen und Gefühle des Gesprächspartners und die Bedeutung, die sie für ihn haben, sollen sensibel erfasst und verstanden werden.

Im Ansatz von Carl R. Rogers und in der Gestaltung von Exerzitien geht es darum, eine Haltung zu erlernen und einzuüben – und nicht darum, sich Techniken und erlebnisaktivierende Methoden anzueignen. Eine Ausbildung sowohl in der Theologie der Spiritualität als auch in der personzentrierten Gesprächsführung vermeidet einerseits katechetische Interventionen und moralische Einflussnahme und andererseits, sich über psychologische Deutungen und Diagnosen vermeintliche Sicherheit zu verschaffen. Denn beides kann zu Störungen in der Beziehung zwischen den Gesprächspartnern führen. Durch eine fundierte Ausbildung wird der Person, die Exerzitien begleitet, eine Sicherheit in ihrem Tun gegeben. Daraus erwächst die Gelassenheit, die es ihr erlaubt, der positiven richtungsweisenden Kraft im Menschen und der Führung Gottes zu vertrauen.

Exerzitienarbeit heute – Formen

In den verschiedenen Exerzitienformen geht es generell um Vertiefung und Verinnerlichung, mit dem Ziel, den Glauben wiederzufinden und neu zu beleben. Jeder Exerzitienkurs ist ein Geschehen, das vorbereitet, jedoch nicht erwirkt werden kann. Momente der Selbstvergewisserung und der Begegnung mit Gott können nicht „produziert" werden. Was eingeübt werden kann, sind Formen der Aufmerksamkeit. Dies braucht Zeit und einen äußeren Rahmen, es ist ein Einübungsprozess, der Bedingungen hat. Exerzitien leben aus der Kraft des Gebetes, des Schweigens, der *lectio divina* und der Erinnerung an Gottes Heilstaten in der Geschichte seines Volkes, in der persönlichen Lebensgeschichte des Einzelnen und dem Vertrauen auf den Heiligen Geist, der sich im Geschehen, in der Leere und im Dazwischen erweist.

Die Vielfalt der Exerzitienformen hat sich in den letzten Jahren von den ehemals fast allein geltenden ignatianischen Exerzitien stark erweitert. Neben den ignatianischen Exerzitien in 40 Tagen oder in einer kürzeren Form gibt es zum Beispiel Vortrags- und Radio-Exerzitien, Wanderexerzitien, Meditationsexerzitien, Exerzitien in Form von Bibliodrama, Fastenexerzitien, Exerzitien im Alltag oder kontemplative Exerzitien. Unabhängig von der Form gibt es wesentliche Grundelemente, die sich in allen Formen von Exerzitien wiederfinden: das Schweigen, Meditieren und Beten, die geistliche Betrachtung der Heiligen Schrift oder der geistlichen Tradition der Kirche und die Begleitung durch Einzelgespräche oder der geistliche Austausch in der Exerzitiengruppe. Wie diese Elemente in den wichtigsten Exerzitienformen integriert sind, soll in den folgenden Abschnitten dargelegt werden. Ein Exkurs über Körperübungen, Atmung und Schweigen zeigt die Bedeutung des bewussten Wahrnehmens des eigenen Leibes als „Tempel Gottes".[44]

Einzelexerzitien und Einzelexerzitien in der Gruppe

Einzelexerzitien als geistliche Übungsform wurden durch die Jesuiten weit verbreitet. Bereits zu Lebzeiten des Ignatius von Loyola waren kürzere Formen wie zehntägige Exerzitien entwickelt worden, die jährlich angesetzt als geistliche Auszeit verstanden wurden und nicht mehr wie ursprünglich der Entscheidungsfindung dienten. Über den Jesuitenorden hinaus wurden Jahresexerzitien zum festen Bestandteil von Ordenskonstitutionen und -statuten. Auch Laien innerhalb und außerhalb geistlicher Gemeinschaften und Bewegungen entdeckten diese Übungsform für sich. Durch die stark gestiegene Nachfrage und die Einflüsse anderer geistlicher Traditionen veränderten sich die Exerzitien des Ignatius zum Teil sehr grundlegend, manchmal bis zur Unkenntlichkeit. Es entwickelten sich sogenannte Vortragsexerzitien in Gruppen, die zwar durchaus noch Raum für Einzelbesinnung, Betrachtung und Gebet ließen, jedoch viel stärker durch eine Einflussnahme auf die

---

44 „Wisst ihr nicht, dass euer Leib ein Tempel des Heiligen Geistes ist, der in euch wohnt und den ihr von Gott habt?" (1 Kor 6,19)

Exerzitienteilnehmerinnen und -teilnehmer bestimmt waren. Gerade das war jedoch nicht die Absicht von Ignatius gewesen, führte er doch in den praktischen Anweisungen seiner „Geistlichen Übungen" aus, dass der, der die Exerzitien gibt, sich in seinen Impulsen kurz zu fassen habe und nicht schon das vorwegnehmen solle, was der, der die Exerzitien nimmt, durch seine eigene Übung entdecken könne.

Die ursprüngliche Form der Einzelexerzitien wurde aufgrund der Gruppengrößen zunehmend nicht mehr möglich, wenn überhaupt, gab es ein Gespräch mit dem Exerzitienbegleiter, das oftmals ein Beichtgespräch war, da die Beichte traditionell ein fester Bestandteil in den Exerzitien war. Auf der Grundlage des II. Vaticanums, vor allem durch den Einfluss des Dekrets „Perfecte caritatis" über die zeitgemäße Erneuerung des Ordenslebens, das eine Rückkehr zu den Quellen der eigenen Spiritualität forderte[45] und auslöste, erfolgte eine Besinnung, Wiederentdeckung und Neugestaltung von Exerzitien gemäß der jeweiligen spirituellen Schule und Tradition. Außerdem wurden neue Gestaltungen von Exerzitien entwickelt, die Elemente der Tradition aufgriffen und sie mit neuen Formen wie Zen-Meditation, Körperübungen, Bewegung, Wandern, Film und anderem anreicherten. Gleichzeitig erfolgte eine Neubelebung der ignatianischen Exerzitien in ihrer ursprünglichen Gestalt oder in abgeleiteten Formen.[46]

---

45 Vgl. Dekret „Perfectae caritatis" – Über die zeitgemäße Erneuerung des Ordenslebens, Abs. 2, St. Peter Rom, 28. Oktober 1965.
46 Der Jesuit Alex Lefrank, der als Exerzitienbegleiter und in der Ausbildung für Exerzitienbegleitung tätig ist, gibt in seinem Buch auf der Grundlage ignatianischer Exerzitien einen umfangreichen Überblick über den Prozess und die Phasen von Exerzitien: Alex Lefrank, Umwandlung in Christus. Die Dynamik des Exerzitien-Prozesses, Würzburg 2009.

Einzelexerzitien werden gegenwärtig meistens für einen Zeitraum von drei bis zehn Tagen angeboten. Für die Dauer gibt es kein Richtmaß, da ein innerer persönlicher Prozess weder messbar ist noch vereinheitlicht werden kann. Solcherart Prozesse verlaufen zudem nicht selten über ein Exerzitienangebot hinaus und können das gesamte Leben umfassen. Die Bezeichnung „Einzelexerzitien" bedeutet, dass es um den je eigenen Weg der einzelnen Teilnehmerin oder des einzelnen Teilnehmers geht und dass ein Austausch innerhalb der Gruppe mit den anderen Teilnehmenden nicht vorgesehen ist. Zentrale Bestandteile dieser Exerzitienform sind durchgängiges Schweigen, mehrmals am Tag Zeiten für geistliche Übungen und ein tägliches Gespräch mit der Begleiterin oder dem Begleiter der Exerzitien, um die Möglichkeit zu eröffnen, das Erleben in der Exerzitienzeit zu besprechen und zu reflektieren. In Einzelexerzitien kommt somit der Prozess des Einzelnen in den Blick.

Sehr ähnlich gestalten sich Einzelexerzitien in der Gruppe, wobei in dieser Form Gemeinschaftselemente hinzutreten. Im Unterschied zu den reinen Einzelexerzitien erfolgen geistliche Impulse für den Exerzitienweg oftmals als Impuls oder Kurzreferat vor der gesamten Gruppe, es gibt Anleitungen für gemeinsame Übungen, Gebetszeiten werden gemeinsam abgehalten und eventuell gibt es einen Austausch in der Gruppe, obgleich auch diese Exerzitienform meist im Schweigen und ohne Gespräche außerhalb des Gesprächs mit der Exerzitienbegleiterin oder dem Exerzitienbegleiter verläuft. In dieser Form der Einzelexerzitien werden die Rahmenbedingungen wesentlich, um das Schweigen in der Gruppe zu ermöglichen. Eine zeitliche Strukturierung wird bedeutungsvoll, um einen gemeinsamen Rhythmus in der Gruppe erleben zu können. Gesprächs- und Begleitungsangebote für die einzelne Teilnehmerin und den einzelnen Teilnehmer ermöglichen, im Gespräch den persönlichen Prozess zu reflektieren. Für die Begleiterin oder den Begleiter der Exerzitien gilt es besonders, einen Vertrauensraum zu schaffen, in dem jeder Einzelne sich sicher fühlen kann. Gleichzeitig gilt es, die Gruppenprozesse im Blick zu haben, die auch im Schweigen spürbar sind, und dem persönlichen Prozess der Einzelnen Raum zu geben.

Als geistlicher Impuls im Einzelgespräch oder vor der Gruppe kann eine Bibelstelle dienen. Dabei steht nicht ein katechetisches oder bibeltheologisches Interesse im Vordergrund, sondern vielmehr ein Aspekt, der sich thematisch durch die Tage zieht und der eröffnet und auslegt, was die Schrift den glaubenden Menschen von Gott und seinem Da-Sein, von seiner Liebe zu den Menschen und seinem Begegnen-Wollen mitteilen kann. Der Impuls soll einen Raum eröffnen, er soll vom Leben zur Bibel und von der Bibel zum Leben führen. Ein solcher Impuls kann dem Einzelnen eine neue Perspektive und einen anderen Blickwinkel eröffnen. Dabei wird die Entwicklung der Person das Kriterium für die Auswahl des Impulses abgeben. Essentiell ist, dem Betrachtenden zu ermöglichen, selbst Erkenntnis zu gewinnen und auf die eigene Resonanz hinzuhören. Es gilt, die inneren Bewegungen wahrzunehmen, diese zu achten und mit ihnen einen Umgang zu finden.

Im Mittelpunkt dieser Exerzitienform steht die Übung der Aufmerksamkeit. Aufmerksamkeit ist hierbei nicht nur eine Vorübung für die Exerzitien, wie es mancherorts verstanden wird, sondern befördert und beschreibt selbst den Exerzitienprozess. Das Neue Testament sieht als wesentliche Grundhaltung der frühen Christen die Wachsamkeit. Zur Wachsamkeit wird angesichts der erwarteten Wiederkunft des Herrn aufgefordert und sie wird oft mit der Aufforderung zum unablässigen Gebet verknüpft.[47] Mit dem unablässigen Gebet kann nun nicht ein Beten mit Worten gemeint sein, sondern es ist an eine Haltung der Wachsamkeit und Aufmerksamkeit zu denken. Die Übung der Aufmerksamkeit ist nach dem Neuen Testament Gebet, das wach und offen macht für die Wirklichkeit und für Gottes Anwesenheit. In ähnlicher Weise beschreibt der Lyriker Paul Celan diesen Zusammenhang: „Aufmerksamkeit ist das natürliche Gebet der Seele."[48] Aufmerksamkeit wird als natürliche spirituelle Wirklichkeit, als Gebet, definiert. Damit scheint zum einen die Möglichkeit auf, aufmerksam zu werden, sich darum zu bemühen, Aufmerksamkeit zu lernen – ein voluntativer Zugang –, und zum anderen die selbstverständliche, ungewollte, natürliche Aufmerksamkeit, die jedem Menschen gegeben ist – ein intuitiver Zugang. Das Gebet, die Ausrichtung auf Gott, ist demnach einerseits die natürliche Aufmerksamkeit, zu der jeder Mensch fähig ist, und andererseits die gewollte, aktive Haltung, die jeder Mensch einüben kann. Damit ist die Erfahrung angesprochen, die besagt, dass es tief im Menschen eine Kraft gibt, die betet, wenn der Mensch versucht, aufmerksam zu sein. „So nimmt sich auch der Geist unserer Schwachheit an. Denn wir wissen nicht, was wir in rechter Weise beten sollen; der Geist selber tritt jedoch für uns ein mit unaussprechlichen Seufzern." (Röm 8,26)

---

[47] „Seid wachsam, steht fest im Glauben, seid mutig, seid stark!" (1 Kor 16,13); „Hört nicht auf, zu beten und zu flehen! Betet jederzeit im Geist; seid wachsam, harrt aus und bittet für alle Heiligen." (Eph 6,18).
[48] Paul Celan, Ausgewählte Gedichte, 5. Aufl. Zürich 1972, S. 144.

Einkehrtage und Besinnungstage

Einkehrtage und Besinnungstage dienen ebenso der Gottesbegegnung im Wort und im Gottesdienst, im Schweigen und im Miteinander.[49] Letztendlich sind sie schlicht eine verkürzte Form von Exerzitien, wobei gemeinhin die Gruppe und der Austausch innerhalb der Gruppe eine wesentlich wichtigere Rolle spielen. Es sind Tage des Innehaltens, der Wahrnehmungsschulung und der Wachsamkeit. Sie dienen dazu, die Sehnsucht nach Gott wieder zu entfachen oder wachzuhalten und diese gemeinsam mit anderen zu teilen. Dabei arbeiten diese Formen nach ähnlichen Prinzipien und sind in Anlehnung an Exerzitien gestaltet. Gesprächs- und Begleitungsangebote sind gewöhnlich kein Bestandteil von Einkehrtagen und Besinnungstagen, weshalb die Gruppengröße umfassender sein kann.

Besinnungstage sind in der Regel themenorientierte geistliche Tage mit Impulsen, Zeiten der Einzelbesinnung und des Gemeinschaftsgesprächs. Gebet und Schriftbetrachtung werden auch in dieser Form oftmals mit kreativen Elementen verbunden. Von Fortbildungen grenzen sich Besinnungstage ab, indem nicht der Informationswert und die Wissensvermittlung im Zentrum stehen, sondern darüber hinaus Raum für einen persönlichen Austausch über das Thema geschaffen wird und die Möglichkeit für den Einzelnen eröffnet wird, die Thematik auf sich selbst und die eigene Lebenssituation zu beziehen.

---

49 Beispiele zur Durchführung von Besinnungs- und Einkehrtagen sind zu finden in: Petra Stadtfeld, Sei ganz! Modelle für Besinnungs- und Einkehrtage, Düsseldorf 2009.

Einkehrtage sind ein Angebot, das meistens für einen einzelnen Tag konzipiert ist, aber auch über ein Wochenende reichen kann. Sie richten sich an spezifische Zielgruppen, zum Beispiel innerhalb einer Gemeinde an Jugendliche oder Senioren, um das Gemeindeleben zu fördern. Einkehrtage beinhalten je nach Ausrichtung Gottesdienste, Bibelgespräche, Impulsvorträge, Meditationen, Gespräche anhand geistlicher Denkanstöße oder kreative Angebote. Häufig werden die Tage in größtmöglicher Stille verbracht. Von Exerzitien grenzen sich Einkehrtage durch die kürzere Dauer und die gelockerte Form ab. Dadurch können Einkehrtage für Interessierte auch einen Einstieg in die Erfahrung von Exerzitien bilden.

Wanderexerzitien sind eine weitere Form, die den Wegcharakter menschlichen und geistlichen Lebens sowie die Prozesse spiritueller Entwicklung gleichsam im eigenen Unterwegssein verleiblicht. Die Gestaltung kann sich abhängig vom Angebot entweder an Exerzitien oder an Besinnungstagen orientieren. Fahrradexerzitien fallen unter die gleichen Prämissen, wobei hier größere Strecken möglich sind.

Das Interesse an Pilgerwegen, das in den letzten Jahrzehnten auch durch prominente Pilger wie etwa Hape Kerkeling stark gewachsen ist, kann ähnlich verstanden und gestaltet werden. Von einer einfachen Auszeit, dem Abschalten vom Alltag bis hin zu geregelten Exerzitien reichen die Gestaltungsmöglichkeiten.

„Oasentage", „Wüstentage" und andere kreative Titel sind keine „geschützten" Bezeichnungen oder definierten Formulierungen, weshalb in solchen Fällen eine detaillierte Angebotsbeschreibung wichtig ist, damit Interessierte sich im Vorfeld vergewissern können, ob dieses Angebot ihren Vorstellungen entspricht.

Exerzitien im Alltag

Die vielleicht wichtigste, weil populärste neue Form von Exerzitien sind die sogenannten Exerzitien im Alltag. Diese Form trägt den Lebensumständen vieler Rechnung, die aufgrund beruflicher und familiärer Verpflichtungen nicht für eine Woche oder eine noch längere Zeit frei machen können. So werden in unterschiedlichsten Modellen zu bestimmten Zeiten des Kirchenjahres, vor allem in der Advents- und Fastenzeit, oder zu Themen und Personen der Spiritualitätsgeschichte Exerzitien angeboten, die sich in die Tagesstruktur vieler Menschen einbinden lassen.[50]

Diese Exerzitienform verfolgt vor allem das Ziel, den Menschen in seinen Alltagserfahrungen zu bestärken und diese im Licht des Glaubens zu sehen und zu erleben. Es ist der Versuch, die Botschaft Jesu mit dem Alltag zu verbinden und durch Rahmenhandlungen wie das gemeinsame Gespräch und Impulse sowie durch Einzelbesinnung und Gebet eine Form der Einübung zu finden, die die Lebensumstände des Menschen ernst nimmt und dabei deutlich macht, dass geistliches Leben alltägliches Leben bedeutet. Karl Rahner hat das ohne expliziten Bezug auf Exerzitien im Alltag pointiert zum Ausdruck ge-

---

50 Es gibt vielerlei Beispiele und Anleitungen für Exerzitien im Alltag, die in Verlagen publiziert oder über die Exerzitienreferate der Diözesen veröffentlicht sind. Zur historischen Entwicklung und Theologie der Exerzitien im Alltag: Michael Hettich, Den Glauben im Alltag einüben. Genese und Kriterien der ignatianischen Exerzitien im Alltag, Würzburg 2007. Zahlreiche Modelle für Exerzitien im Alltag werden dargestellt in: Silke Harms, Glauben üben. Grundlinien einer evangelischen Theologie der geistlichen Übung und ihre praktische Entfaltung am Beispiel der „Exerzitien im Alltag", Göttingen 2012.

bracht: „Bete im Alltag! Raff dich immer wieder auf aus Müdigkeit und Gleichgültigkeit! Bete persönlich! Such auch aus dem Alltagsgebet ein persönliches Gebet zu machen, in dem du aus dem Betrieb um dich herum und in dir zu dir selbst, aus der aufgeregten Hast zur Ruhe, aus der Enge der Welt zur Weite des Glaubens und von dir weg zu Gott kommst und nicht bloß zur Gebetsformel, die du als Kind einst gelernt hast! Bete regelmäßig! Fordere von dir, was du dir selbst als Pflicht gesetzt hast im Gebet! Sei da Herr über Stimmung und Laune! Bete regelmäßig! Lerne das Beten! Es ist eine Gnade. Aber es ist auch eine Sache des guten Willens, eine Kunst, die geübt und erprobt sein will. ... Der Weg unseres Lebens kann nur mitten durch den Alltag, seine Not und seine Pflicht hindurchgehen, darum kann der Alltag nicht durch Flucht, sondern nur durch Standhalten und durch eine Verwandlung überwunden werden. Also muss in der Welt Gott gesucht und gefunden werden, also muss der Alltag selbst gebetet werden."[51]

Exerzitien im Alltag sind eine Hilfe zur alltäglichen Unterscheidung der Geister, um jene Lebensgestaltung zu wählen, die zu mehr Glauben, Hoffnung und Liebe führt. In der Unterscheidung der Geister nimmt der Einzelne das Ganze seiner Wirklichkeit wahr und tritt gleichzeitig in kritische Distanz dazu, um nach dem Willen Gottes zu fragen, entsprechende Entscheidungen für die Gestaltung des Alltags zu treffen und eine sinnvolle Lebensgestaltung für sich zu finden.

Die Methodik der Exerzitien im Alltag orientiert sich an Elementen aus der Tradition in Verbindung mit modernen Gebets-

---

51 Karl Rahner, Von der Not und dem Segen des Gebets, 6. Aufl. Freiburg 1964, S. 68f.

und Meditationsformen. Oftmals ist diese Exerzitienform ignatianisch geprägt. Im Berufs- und Alltagsleben lernt der Gläubige, sich mit sich selbst auseinanderzusetzen und sich damit vor Gott zu stellen und mit ihm ins Gespräch zu kommen. Dabei werden ihm Übungen an die Hand gegeben, die diese Betrachtungen erleichtern sollen: angefangen vom hörenden Schweigen (still sein, horchen lernen, aufmerksam sein als Grundbedingung des Betens), über die Hinführung zu diversen Meditationsformen (einfache Formen, die im Alltag Platz finden können), über die Entdeckung der leiblichen Dimension geistlichen Lebens, über Abendrückblick, Gebetshaltungen und Betrachtungsweisen, bis hin zu Schriftgesprächen und Fragen für den Alltag. Wichtig ist, dass regelmäßig ein Austausch stattfindet, entweder mit der Begleiterin und dem Begleiter der Exerzitien oder in der Gruppe. Hierfür gibt es bei Exerzitien im Alltag gewöhnlich ein- bis zweimal in der Woche ein Gruppentreffen zum Austausch über die Erfahrungen auf dem persönlichen Weg. Im Gegensatz zu klassischen Exerzitienformen nimmt dann die Möglichkeit, sich untereinander auszutauschen, eine zentrale Rolle ein. Das Gespräch bereichert, eröffnet andere Perspektiven und regt andere Teile im Exerzitienprozess an.

Exerzitien im Alltag verlaufen in der Regel über einen vier- bis sechswöchigen Zeitraum und finden im gewöhnlichen Alltag zu Hause, auf der Straße und im Berufsleben statt. Die Teilnehmerinnen und Teilnehmer werden angehalten, sich nicht nur innerlich zu bereiten, sondern auch einen Raum oder eine Ecke in ihrer Wohnung zu finden, wo sie sich täglich für eine halbe Stunde oder länger für Gebet und Besinnung zurückziehen können und die für diesen Anlass entsprechend gestaltet ist. Um sich diese Zeit zu gönnen, werden ganz konkrete Tipps gegeben, wie zum Beispiel Anleitungen zum richtigen Sitzen und Atmen, aber auch ganz praktische Hinweise, wie das Ausschalten der Kommunikationsmedien und der Unterhaltungselektronik. Dies stellt Anforderungen an die Teilnehmenden bezüglich der Regelmäßigkeit und Beharrlichkeit beim Üben und verlangt Disziplin in der persönlichen Tagesgestaltung. Die kürzeste Definition von Gebet sei Unterbrechung, schrieb der Theologe Johann Baptist Metz[52] – dies gilt um so mehr für Exerzitien im Alltag.

Im Rahmen der Exerzitien im Alltag ist die *revision de vie* zu erwähnen. Diese ist eine geistliche Übung, sein Leben vor Gott und der Gemeinschaft der Glaubenden zur Sprache zu bringen. Die Geschehnisse, Erlebnisse, Tatsachen und Fragen des eigenen Lebens sollen reflektiert und mit Gott in Beziehung gebracht werden. Ziel ist es, die Spuren Gottes im eigenen Leben zu erkennen und dadurch Kraft für den Alltag zu gewinnen. Im Verbinden der Lebensereignisse mit Gott entsteht ein roter Faden, der zur Bewältigung des Alltags beitragen kann. Die *revision de vie* ist so etwas wie ein Exerzitienprozess im Alltag, den der Betreffende allein oder mit anderen regelmäßig durchführen kann.[53]

Eine neue Variante der Exerzitien im Alltag sind sogenannte *Straßenexerzitien*, bei der die Teilnehmerinnen und Teilnehmer die Begegnungen auf der Straße, im Alltag etwa einer Groß-

---

[52] Johann Baptist Metz, Voraussetzungen des Betens, in: Herder Korrespondenz 32 (1978), S. 132.
[53] Entstanden ist die *revision de vie* durch die Arbeiterbewegung in Belgien mit ihrem Motto: Sehen – Urteilen – Handeln. Vgl. Vitus Seibel, Lebensbetrachtung, in: Praktisches Lexikon der Spiritualität, herausgegeben von Christian Schütz, Freiburg 1988, S. 769–770.

stadt, reflektieren und betrachten, um darin nach Gottes Gegenwart und seiner Weisung zu suchen.[54] Gerahmt sind diese Erfahrungen auf der Straße durch morgendliche und abendliche Gebetszeiten und den Austausch in der Gruppe beziehungsweise mit der Begleiterin oder dem Begleiter.

Zu nennen sind darüber hinaus *Film- oder Literaturexerzitien*, in denen es jeweils um die Frage nach dem Betrachtungsgegenstand geht. Der Ausgangspunkt ist dabei nicht die Schriftbetrachtung, sondern die Begegnung mit einem Film oder mit Literatur. Die Form der Durchführung kann stark variieren. Wichtig ist, dass an geeigneter Stelle der Bezug zur Schrift und zum eigenen Glaubensweg hergestellt wird, damit diese Exerzitien nicht bei einer ästhetischen Betrachtung stehen bleiben.

Angesichts der vielfältigen Verpflichtungen der Menschen heute, aber auch der Hemmschwellen, ein kirchliches Bildungs- oder Exerzitienhaus zu besuchen, und angesichts der Kosten vieler Kurse sind die Exerzitien im Alltag eine äußerst begrüßenswerte Form, geistliches Leben einzuüben und sich auf die Suche nach den Spuren Gottes im eigenen Leben zu machen.

---

[54] Straßenexerzitien sind eng mit dem Jesuiten und Arbeiterpriester Christian Herwartz verbunden. Literatur: Christian Herwartz, Auf nackten Sohlen – Exerzitien auf der Straße, Ignatianische Impulse Bd. 18, Würzburg 2. Aufl. 2010; Christian Herwartz, Brennende Gegenwart – Exerzitien auf der Straße, Ignatianische Impulse Bd. 51, Würzburg 2011.

Exkurs: Körperübungen, Atmung, Schweigen

Elemente wie Körperübungen und das Achten auf die eigene Atmung erhalten heute innerhalb von Exerzitien eine neue Gewichtung. Bekannt sind diese vor allem aus den fernöstlichen Religionen. Sie sind jedoch ebenso im Christentum beheimatet, auch wenn sie in der Geschichte der christlichen Mystik oftmals nicht in solcher Tiefe weiterentwickelt wurden beziehungsweise keine besondere Erwähnung fanden. Ein Blick auf andere religiöse Traditionen ist unter diesem Aspekt für die Erarbeitung eines Exerzitienangebots befruchtend. Ein genuin christliches Element, insbesondere in der klösterlichen Lebenswelt, ist dagegen das Schweigen, das sich in beinahe allen Religionen als wesentliche Bedingung für die Wahrnehmung der Gegenwart Gottes wiederfindet. Wie Körperübungen, Atmung und Schweigen den Exerzitienprozess unterstützen können, soll im Folgenden betrachtet werden.

Menschsein ist bestimmt durch Körperlichkeit. Mit dem Körper ist der Mensch konkret im Hier und Jetzt, anwesend in Raum und Zeit. Der geistliche Weg, der Weg zu Gott, vollzieht sich in der Welt und im Leben. Die ganze Person ist auf dem Weg. Gottes Ruf ergeht im Leben und meint den ganzen Menschen: Leib und Seele, „Kopf und Bauch", das Äußere und das Innere. Folglich muss Spiritualität etwas mit dem Körper zu tun haben und im Körper „da" sein. Spiritualität kann nur unter Einbezug des Körperlichen vorgestellt werden. Anhaltende Umformung geschieht in einem Menschenleben über viele Jahre hinweg von Augenblick zu Augenblick.

Es gibt darüber hinaus Anhaltspunkte, Spiritualität mit dem Atem in Verbindung zu bringen – Gott, der dem Menschen seinen Lebensatem eingehaucht hat (Gen 2,7), oder der Heilige Geist, der in ihm atmet, wie es in einem Gebet heißt, das Augustinus zugeschrieben wird: „Atme in mir, du Heiliger Geist, dass ich Heiliges denke. Treibe mich, du Heiliger Geist, dass ich Heiliges tue. Locke mich, du Heiliger Geist, dass ich Heiliges liebe. Stärke mich, du Heiliger Geist, dass ich Heiliges hüte. Hüte mich, du Heiliger Geist, dass ich das Heilige nimmer verliere."

Viele Anleitungen für geistliche Übungen beinhalten, den Atem als ganzkörperliches Geschehen miteinzubeziehen. Das Atmen ist lebensnotwendig, und solange der Mensch atmet, ergeht Gottes Ruf an ihn. Der Atem ist immer bezogen auf das Hier und Jetzt, denn man kann nicht auf Vorrat atmen oder ihn später nachholen. Das ist der Hintergrund dafür, dass der Atem als Hilfe dienen kann, um mit der Aufmerksamkeit im Augenblick zu bleiben.

Fidelis Ruppert, ehemaliger Abt der Benediktinerabtei Münsterschwarzach, betont unter der Überschrift „Der Leib als geistliches Werkzeug"[55], wie der Körper beim Beten über die verschiedenen Haltungen und Gesten in das geistliche Handeln einbezogen wird und daraus ein ganzheitlicher Ausdruck des Betens entsteht. Ruppert macht deutlich, dass die Gesten bleiben, auch wenn in geistlich trockenen Zeiten die Worte ausbleiben. Eine Kniebeuge, eine Verneigung, ein Kreuzzeichen können betender Ausdruck ohne Worte sein. In diesem Zusam-

---

55 Fidelis Ruppert, Geistlich kämpfen lernen. Benediktinische Lebenskunst für den Alltag, 3. Aufl. Münsterschwarzach 2018, S. 97ff.

menhang zitiert er Roger Schutz aus Taizé, der sagt: „Ich wüsste nicht, wie ich beten sollte ohne Einbeziehung des Leibes. Es gibt Perioden, wo ich den Eindruck habe, ich bete mehr mit dem Leib als mit dem Geist." Dabei kann eine einfache Geste, wenn sie achtsam und bewusst vollzogen wird, Gebet und geistliche Übung sein.

Um sich ganzheitlich zu erleben, können während der Exerzitien regelmäßige Atemübungen in Verbindung mit Bewegungsübungen angeboten werden. Hierdurch wird der Atem natürlich belebt und die Atembewegung kennengelernt. Zugleich tritt der Körper in den Mittelpunkt der Aufmerksamkeit und es wird eine verkörperte Selbstwahrnehmung geübt, was bedeutet, den Körper im Augenblick ohne beurteilende Gedanken wahrzunehmen. Durch die Regelmäßigkeit der leicht zu lernenden Bewegungsabläufe gelingt es, wach und aufmerksam im Augenblick „da" zu sein.[56] Langsam entsteht dabei die innere Haltung der Präsenz und der Aufmerksamkeit. Somit wird ein erster Schritt getan, den Körper in das spirituelle Üben einzubeziehen.

Eine andere Art, innerhalb von Exerzitien für den Körper zu sensibilisieren, ist der sogenannte Body-Scan. Diese Aufmerksamkeitsübung wurde von dem amerikanischen Arzt und Professor Jon Kabat-Zinn für Dauerschmerzpatienten entwickelt, damit diese Stress reduzieren und im Alltag eine bessere Lebensqualität erreichen können. Der Body-Scan ist eine Übung,

---

56 Es handelt sich hierbei nicht um gymnastische oder sportliche Übungen, vielmehr sollten immer die gleichen Bewegungsabläufe geübt werden, die leicht zu erlernen sind und die durch Wiederholung eine Aufmerksamkeit für den Atem und den Körper ermöglichen. Die Bewegungsabläufe können zum Beispiel aus der körpertherapeutischen Arbeit und/oder aus der Tradition des QiGong stammen.

bei der achtsam der Körper wahrgenommen wird. Im Liegen oder Sitzen werden die Teilnehmenden verbal angeleitet, die Aufmerksamkeit auf ihren Körper zu lenken, ganz bei sich selbst zu bleiben und schrittweise den ganzen Körper zu spüren – von den Füßen bis zum Kopf. Dabei begegnet man den eigenen Gedanken, Empfindungen und Gefühlen mit einer wohlwollenden und akzeptierenden Haltung. Durch die Übung wird die Konzentration auf die Gegenwart und auf den Körper gelenkt, wodurch Gedanken über Vergangenheit und Zukunft in den Hintergrund treten.[57]

Stille und Schweigen sind in fast allen Religionen eine notwendige Bedingung für die Wahrnehmung der Gegenwart Gottes. Sich schweigend vor Gott zu bringen ist Gebet. „Dass Schweigen Gebet sein kann, beruht auf uralten Erkenntnissen, die in der Religion der Ägypter, bei Plotin, den Neupythagoreern, den Neuplatonikern und den Mystikern aller Religionen zu finden sind."[58] Eine wichtige Grundhaltung in der christlichen Mystik ist das Schweigen und die Stille. Stille ist schweigende Anbetung, schweigend vor Gott zu sein bedeutet Gnade – es kann nicht erzwungen werden, es kann nur geübt und erbeten werden. „In der abendländischen Mystik und in ihrer täglichen Praxis nimmt die Übung des Schweigens einen zentralen Platz ein. Das menschliche Ich soll so weit zurückgenommen werden, dass die göttliche Wirklichkeit hörbar werden kann."[59] Das Schweigen auf Gott hin ist ein Element auf

---

[57] Jon Kabat-Zinn und Lienhard Valentin, Stressbewältigung durch die Praxis der Achtsamkeit (Audio-CD mit Begleitheft), Freiburg 2014.
[58] Waltraud Herbstrith, Art. „Schweigen/Stille", in: Praktisches Lexikon der Spiritualität, herausgegeben von Christian Schütz, Freiburg 1988, S. 1108f.
[59] Richard Reschika, Praxis christlicher Mystik. Einübungen – von den Wüstenvätern bis zur Gegenwart, Freiburg 2007, S. 169.

dem geistlichen Weg und führt ins Hören auf Gottes Wort und sein Schweigen.

Der dänische Philosoph Sören Kierkegaard beschreibt in seinen frommen Reden anschaulich: „Allmählich, wie er innerlicher und innerlicher wurde im Gebet, hatte er weniger und weniger zu sagen, und zuletzt verstummte er ganz. Er ward stumm, ja, was dem Reden vielleicht noch mehr entgegengesetzt ist als das Schweigen, er ward ein Hörender. Er hatte gemeint, beten sei reden; er lernte: beten ist nicht bloß schweigen, sondern ist hören. Und so ist es denn auch; beten heißt nicht, sich selber reden hören, sondern heißt dahin kommen, daß man schweigt, und im Schweigen verharren, und harren, bis der Betende Gott hört."[60] Schweigen ist demnach eine Übung, mit der wir in unserer persönlichen Entwicklung und unserem geistlichen Leben vorangehen können. Thomas Merton, ein Mystiker des 20. Jahrhunderts, formuliert: „Das Schweigen gibt uns nicht nur die Möglichkeit, uns selbst besser zu verstehen und unser eigenes Leben wirklichkeitsgetreuer und ausgeglichener im Zusammenhang mit dem Leben anderer zu sehen: auch macht uns das Schweigen ganz, wenn wir es wirken lassen. Das Schweigen hilft uns, die zerbrochenen und zerstreuten Energiesplitter unseres Wesens zusammenzufügen. Es hilft uns, uns auf ein Ziel hin auszurichten, das tatsächlich nicht nur den tiefsten Bedürfnissen unseres Wesens entspricht, sondern auch Gottes Absichten mit uns."[61]

---

60 Sören Kierkegaard, Die Lilie auf dem Felde und der Vogel unter dem Himmel. Drei fromme Reden, in: Ders., Gesammelte Werke, 21.–23. Abteilung, Düsseldorf/Köln 1960, S. 37–38.
61 Thomas Merton, Ein Tor zum Himmel ist überall, Freiburg 1999, S. 24.

Bei aller positiven Wirkung, die dem Schweigen beigemessen wird, muss bedacht werden, dass Schweigen alleine noch keine Persönlichkeitsentwicklung oder Gotteserfahrung hervorbringt. In der Tradition christlicher Spiritualität geht es nicht einfach um Schweigen, sondern um ein qualifiziertes Schweigen: um eine Geisteshaltung, die die Hoffnung auf Gott setzt, die das Vertrauen auf ihn zur Grundlage hat, die um Gott weiß, der immer schon liebend da ist. Das lässt den Menschen innerlich ruhig und still werden, es schenkt ihm Gelassenheit, Ruhe und Frieden, denn sein Heil liegt in Gott und er muss es nicht selbst schaffen. Das Schweigen ist eine Ruhe, die sich in der Erfahrung des Getragenseins von einem letzten Sinn, von Gott, gründet. Sich ins Schweigen begeben, um Gott zu suchen, der Sehnsucht Raum zu geben und sich ihr im Vertrauen zu überlassen – auf diese Weise hat das Schweigen als Übung auf dem geistlichen Weg seinen Platz.

Nachwort

Dieses Buch ist praktisch als Frucht der Fortbildung „Theologie der Spiritualität" beziehungsweise „Geistliche Begleitung" entstanden, die die Autorin und der Autor von 1998 bis 2018 am Institut für Spiritualität in Münster angeboten haben.

Ein Modul der Fortbildung beschäftigte sich mit dem im Buch entwickelten Thema. Dieses Modul wurde im Lauf der Fortbildung mehrmals um- beziehungsweise neustrukturiert, weshalb das nun vorliegende Buch auch auf die Anregungen unserer Teilnehmerinnen und Teilnehmer zurückgeht, für die wir uns herzlich bedanken.

Dank gilt auch Herrn Michael Scheibel, der, ebenfalls Absolvent der Fortbildung, die Redaktion des Buches übernommen hat. Für wertvolle Anregungen und Hinweise danken wir Frau Sibylle Hartong und Herrn Christian Föller.

Ohne die finanzielle Unterstützung verschiedener Sponsoren wäre das Projekt nicht möglich gewesen, auch ihnen gilt unser Dank.

Unser Anliegen ist es, Hilfestellung und Ermutigung dafür zu geben, ein Angebot im Rahmen geistlicher Übung und Bildung selber zu entwickeln, anstatt auf vorgefertigte Konzepte zurückzugreifen, von denen es viele gibt. Grundsätzlich glauben wir, dass Spiritualität Echtheit und Aufmerksamkeit braucht und deshalb die Anbieterin oder der Anbieter selbst gefragt ist.

Außerdem leitete uns bei diesem Versuch wie auch in der gesamten Fortbildung ein Grundgedanke des Zweiten Vatikanischen Konzils, der im bereits erwähnten Ordensdekret „Perfectae caritatis" Abs. 2 zum Ausdruck gebracht wird: „Zeitgemäße Erneuerung des Ordenslebens heißt: ständige Rückkehr zu den Quellen jedes christlichen Lebens und zum Geist des Ursprungs der einzelnen Institute, zugleich aber deren Anpassung an die veränderten Zeitverhältnisse."

Was für das Ordensleben gilt, gilt für geistliches Leben überhaupt! Rückkehr zu den eigenen persönlichen Quellen, den eigenen Ressourcen und den Quellen und Ressourcen der eigenen christlichen spirituellen Tradition in all ihrer Breite und Farbigkeit. Diese zu entdecken und sie zeitgemäß im Sinne einer authentischen Pastoral zu erschließen, ist eine beständige Herausforderung für alle, die in Seelsorge tätig sind.

Möge dieses Buch und seine Anregungen, Gedanken und Inhalte dafür hilfreich sein.

Weiterführende Literatur

Grundlagen

Bäumer, Regina und Plattig, Michael: Umformung durch Aufmerksamkeit – Aufmerksamkeit durch Umformung. Gesammelte Beiträge zur Geistlichen Begleitung, Theologie der Spiritualität Quellen und Studien Bd. 6, St. Ottilien 2014.

Grundkurs Spiritualität, hg. vom Institut für Spiritualität, Stuttgart 2000.

Vasseur, Clara und Bündgens, Johannes: Spiritualität der Wahrnehmung. Einführung und Einübung, Freiburg/München 2015.

Geschichte der Exerzitien

Weisung der Väter. Apophthegmata Patrum, hg. Bonifaz Miller, eingeleitet von Wilhelm Nyssen, Trier 10. Aufl. 2018.

Benedikt von Nursia: Die Benediktusregel/Regula Benedicti, Lateinisch/Deutsch, hg. im Auftrag der Salzburger Äbtekonferenz, Beuron 4. Aufl. 2006.

Guigo der Kartäuser: Scala claustralium. Die Leiter der Mönche zu Gott. Eine Hinführung zur lectio divina, übersetzt und eingeleitet von Daniel Tibi, Nordhausen 2008.

Gertrud von Helfta: Exercitia spiritualia/Geistliche Übungen, Lateinisch/Deutsch, hg., übersetzt und kommentiert von Siegfried Ringler, Elberfeld 2. Aufl. 2006.

Bonaventura: Der Pilgerweg des Menschen zu Gott, hg. und übersetzt von Marianne Schlosser, St. Ottilien 2010.

Ludolf von Sachsen: Das Leben Jesu Christi, übersetzt von Susanne Greiner und Martha Gisi, Einsiedeln 1994.

Ignatius von Loyola: Geistliche Übungen, nach dem spanischen Autograph übersetzt von Peter Knauer, Würzburg 4. Aufl. 2018.

Ignatianische Exerzitien

Fraling, Bernhard: Gruppenexerzitien – ein Versuch, in: Geist und Leben 47 (1974), S. 468–473 (online verfügbar unter: https://www.echter.de/zeitschriften/geist-und-leben/archiv-geist-und-leben/chronologisches-archiv).

Köster, Peter: Zur Freiheit befähigen. Die Geistlichen Übungen des hl. Ignatius von Loyola. Ein Kommentar mit Hinweisen für die Praxis des Begleitens, Würzburg 2017.

Lambert, Willi: Das siebenfache Ja. Exerzitien – ein Weg zum Leben, Ignatianische Impulse Bd. 1, Würzburg 2017.

Lefrank, Alex: Umwandlung in Christus. Die Dynamik des Exerzitien-Prozesses, Würzburg 2009.

Rahner, Karl: Betrachtungen zum ignatianischen Exerzitienbuch, München 1965.

Ders.: Unmittelbare Gotteserfahrung in den Exerzitien, in: Karl Rahner, Horizonte der Religiosität. Kleine Aufsätze, hg. von Georg Sporschill, Wien 1984, S. 25–35.

Ders.:, Wesensbestimmung und Darbietung der Exerzitien heute, in: Karl Rahner, Wagnis des Christen. Geistliche Texte, Freiburg 1974, S. 95–101.

Schriftenreihe „Ignatianische Impulse" im Echter-Verlag Würzburg, mit unterschiedlichen Bezügen auch zu Exerzitien, primär zu ignatianischer Spiritualität.

Einkehrtage und Besinnungstage

Stadtfeld, Petra: Sei ganz! Modelle für Besinnungs- und Einkehrtage, Düsseldorf 2009.

Mülling, Christina: Leben in den Fußspuren des heiligen Franziskus: Bausteine für Besinnungstage, Kevelaer 2007.

Exerzitien im Alltag

Granda, Anne: Exerzitien im Alltag. Zu einem Versuch im Erzbistum München-Freising, in: Geist und Leben 68 (1995), S. 449–454 (online verfügbar unter: https://www.echter.de/zeitschriften/geist-und-leben/archiv-geist-und-leben/chronologisches-archiv).

Harms, Silke: Glauben üben. Grundlinien einer evangelischen Theologie der geistlichen Übung und ihre praktische Entfaltung am Beispiel der „Exerzitien im Alltag", Göttingen 2012.

Herwartz, Christian: Auf nackten Sohlen – Exerzitien auf der Straße, Ignatianische Impulse Bd. 18, Würzburg 2. Aufl. 2010.

Ders.: Brennende Gegenwart – Exerzitien auf der Straße, Ignatianische Impulse Bd. 51, Würzburg 2011.

Hettich, Michael: Den Glauben im Alltag einüben. Genese und Kriterien der ignatianischen Exerzitien im Alltag, Würzburg 2007.

Ders.: Den Seelen helfen. Zur Genese und Relevanz der Exerzitien im Alltag, in: Geist und Leben 81 (2008), S. 253–261. (online verfügbar unter: https://www.echter.de/zeitschriften/geist-und-leben/archiv-geist-und-leben/chronologisches-archiv).